지금 바로 **회계**에 눈을 떠라

SHINNYU SHAIN KARA SHACHO MADE BUSINESS NI ICHIBAN TSUKAERU
KAIKEI NO HON
by Takaharu Yasumoto
Copyright © 2016 Takaharu Yasumoto
Korean translation copyright ©2018 by Hans Media
All rights reserved.
Original Japanese language edition published by Diamond, Inc.
Korean translation rights arranged with Diamond, Inc.
through Japan UNI Agency, Inc., Tokyo and Korea Copyright Center, Inc., Seoul

이 책은 (주)한국저작권센터(KCC)를 통한 저작권자와의 독점계약으로 한스미디어 – 한즈미디어(주)에서 출간되었습니다. 저작권법에 의해 한국 내에서 보호를 받는 저작물이므로 무단전재와 복제를 금합니다.

신입사원에서 사장까지 반드시 알아야 할
비즈니스 회계의 모든 것

지금 바로 회계에 눈을 떠라

• 야스모토 다카하루 지음 | 오시연 옮김 | 이재홍 감수 •

한스미디어

감수자의 글

모두를 위한
실전회계 매뉴얼

정보는 곧 돈이라고 한다. 그렇다면 기업의 정보를 가장 쉽게 습득할 수 있는 방법은 무엇일까? 바로 기업의 재무제표를 보는 일이다. 그런데 재무제표를 보기 위해서는 한 단계 거쳐야 할 과정이 있다. 바로 회계에 대해서 알아야 한다는 것이다.

사실 회계 분야의 실무자나 전문가가 아니라면 회계에 대해 이해하기는 쉽지 않다. 어느 정도의 노력이 필요한 부분이다. 회계에 대한 책을 읽어도 쉽사리 실력이 늘지 않는 이유이기도 하다. 그렇다고 회계를 공부하는 것을 포기하기에는 기회비용이 너무나 크다.

주식투자에서 기업의 재무제표를 이해할 수 있는 사람과 그렇지 못한 사람의 차이, 회사에서 보고서를 작성하는데 재무제표의 숫자를 이용하는 사람과 그렇지 못한 사람의 차이, 사업을 하면서 회계 수치를 이해하는 사장과 그렇지 못한 사장의 차이. 생각해보면 답은 분명하다.

많은 회계 책 중에서도 이 책이 가지고 있는 장점은 매우 뚜렷하다. 회계의 개념 설명에 그치지 않고 실무에 적용하는 방법과 회계를 통해 산출된 숫자를 분석하는 방법을 잘 설명하고 있다. 저자의 오랜 실무 경험에서 나온 경험담도 역시 놓칠 수 없는 부분이다. 마지막으로는 회계를 실생활에 응용할 수 있는 방법까지 제시하고 있다. 회계 매뉴얼 또는 회계 사용설명서로 손색이 없다.

이재홍 회계사
《이것이 실전회계다》 저자

프롤로그

회계를 활용하는 사람,
회계에 휘둘리는 사람

건강에 대한 고마움은 건강을 해쳤을 때에야 실감한다.

돈에 대한 고마움도 마찬가지로 빚더미에 올라 옴짝달싹하지 못할 때 실감한다. 쏨쏨이를 통제하지 못해 빚이 점점 늘어나는 것은 입금(수입)과 출금(지출)의 균형을 무시한다는 말이다. 그런 사람이 결국 개인파산을 신청하는 사례가 종종 있다.

그런데 개인파산 선고를 받은 이들 중 가계부를 적은 사람이 있다는 이야기를 들어본 적 있는가?

개인의 회계, 즉 가계 관리를 할 때는 돈의 입금과 출금의 균형을 신경 쓰기만 하면 된다. 대출 잔고와 다음 달 상환액을 관리하고 꼼꼼하게 가계부를 적기만 해도 파산 신청을 하는 사태까지는 가지 않는다.

그런데 기업 회계는 그렇게 단순하지 않다. 현금 입출금뿐 아니라 그 밖의 신용거래까지 전부 매출과 매입 등을 장부에 기입(이를 기장이라고 한다)해야 하므로 훨씬 복잡하다.

외상이나 신용카드로 상품을 판매하는 것은 이미 일상적인 일이다. 외상으로 상품을 판매해도 외상매출금(외상 판매를 했을 때의 미수금)이 입금될 때까지는 현금이 회수되지 않는다. 더구나 신용카드로 판매하면 수수료가 차감된다. 또 외상매출금 회수일에 어음을 받았다면 이번에는 그것이 지급일에 은행계좌로 들어오기를 기다려야 한다.

반대로 '이건 외상으로 해줘!'라고 거래상대에게 외상으로 상품을 매입하거나 그 외상매입금(외상으로 매입했을 때의 미지급금)을 어음으로 지급하기도 하므로 그 경우 돈은 매입한 상품보다 더 늦게 나간다.

상품 판매자도 매입하는 측도 거래상대를 신뢰하기 때문에 가능한 한 주거니 받거니 하는 방식이다. 다만 회수(입금)보다 지급(출금)하는 시점이 빠른 경우가 많아서 골치 아프다. 게다가 급여와 임대료 등은 매출이 전혀 없어도 꼬박꼬박 지급해야 한다.

이렇게 기업 회계는 현금이 움직일 때 장부에 기입하는 방법(현금주의)만으로는 거래의 전체상을 파악할 수 없으므로 외상매출금이 발생했을 때처럼 거래가 시작되면 즉시 장부에 기록하는 방법(발생주의)을 채택하고 있다. 그래야만 거래의 전체상을 그때그때 파악할 수 있기 때문이다.

장부에 기입하는 방법도 하나의 거래를 2개의 관점으로 나누어 기록하고(분개한다고 한다) 결산일에는 재산과 손익 상황을 파악할 수 있도록 재무제표를 작성한다. 이러한 처리방법을 2가지 관점이라는 의미에서 '복식부기'라고 한다. 안타깝게도 '부기'의 '부'자만 들어도 거부반응을 일으키는 경영자나 비즈니스맨이 꽤 많다.

나는 30년 이상 경영컨설팅 업무를 해왔다. 또한 유니클로(퍼스트 리테일링), 아스쿠르, UBIC를 비롯해 몇몇 상장기업의 사외이사를 상장 전부터 맡아왔다. 또 추오대학전문직대학원과 미래경영회학원(내가 주최하는 젊은 경영자를 대상으로 한 스터디 모임)에서 강의를 하며 많은 경영자와 비즈니스맨을 만나 왔다.

그런 활동을 하면서 깨달은 점이 있다.

그들은 자기 회사의 비즈니스에 관해서는 눈을 반짝이며 이야기하지만 회계 이야기가 나오면 꿀 먹은 벙어리가 된다. 그들이 이야기하는 사업 내용은 회계수치가 뒷받침되어 있지 않은 탓에 뭔가 막연하다. '회계'와 '부기'에 스스로 벽을 쌓고 회계 담당자나 고문 세무사에게 그 분야를 전부 맡겨버린다. 회계 같은 건 몰라도 된다고 생각하는 것일까?

우리는 고등학교에서 높은 수준의 수학을 배우지만 사실 사회에 나가 그 내용을 써먹을 기회는 거의 없다. 고등수학 대신 회계나 부기를 학교에서 배운다면 비즈니스 인생이 얼마나 편하고 풍요로워질 것인가, 라는 생각이 든다.

회계와 부기를 깊이 있게 배우면 가장 좋겠지만 그것이 여의치 않은 사람도 있으리라. 처음부터 끝까지 배우지 않아도 회계 계정과목을 파악하고 비즈니스에 활용할 수 있으려면 어떻게 해야 할까? 이렇게 나는 줄곧 '회계치인 사람을 구해주고 싶다'고 생각해왔다. 그것이 이 책을 쓰게 된 계기다.

나는 이 책에서 복식부기 내용은 최소한도로 다루고 결산에 쓰이는 재무제표와 회계적 사고를 이해할 수 있도록 알기 쉽게 설명했다. 복식부기에 관해서는 부록의 '복식부기의 기초'를 꼭 읽어보기 바란다.

정말 복식부기를 공부하기 싫은 사람은 회사 재무제표를 3~5년분 준비하여 모든 계정과목과 금액을 천 엔 단위로 적어보자. 재무제표는 경영자에게 있어 성적표이고 직원에게는 자기 회사의 건강상태를 확인하는 도구이므로 꼼꼼하게 살펴보는 편이 좋다.

그러면 예를 들어 '매출액과 매출원가 비율이 왜 매년 이렇게 변하는 것일까?', '왜 매출액이 작년부터 10%나 감소하고 있는데 외상매출금 금액은 변하지 않을까? 또 재고가 그보다 더 많이 변동한 것은 왜지?' 등 의문점과 새롭게 눈에 띄는 점이 보일 것이다.

그리고 충분히 이해가 될 때까지 회계담당자나 고문 세무사에게 그 점을 묻고 또 묻자. 그 과정을 반복하다 보면 어느새 회계에 익숙해질 것이다.

내가 아는 비즈니스에서 성공한 사람들은 모두 자기 나름의 '회계적 사고'를 장착하여 회계의 핵심 포인트를 꽉 잡고 있었다. 경리나 재무 업무에 종사하지 않는 사람은 회계학과 직접적인 연관이 없는 '회계적 사고'만 갖춰도 문제가 없다.

회계를 잘 활용하는 사람이 이익을 창출하는 비즈니스맨이라면 회계에 휘둘리는 사람은 노동시간을 빌려주는 샐러리맨에 불과하다. 보통은 깨어있는 시간의 절반 정도가 일하는 시간인데 그래서는 의미 있는 인생을 보낼 수 없지 않을까? 독자 여러분은 이 책을 통해 회계를 잘 활용하는 사람이 되기 바란다.

이 책은 항상 경영자와 비즈니스맨 곁에 있으면서도 소외되기 십상인 '회계'라는 존재에 스포트라이트를 비추어 회계적 사고가 의사결정에 얼마나 깊은 영향을 미치는지 다루었다. 또 회계를 중시하면 비즈니스 성과가 얼마나 달라지는지 알기 쉽게 설명했다.

회계는 결코 골칫덩이가 아니다. 요점만 알고 있으면 여러분의 비즈니스를 도와주는 강력한 지원군이 되어 줄 것이다.

야스모토 다카하루

차례

감수자의 글 모두를 위한 실전회계 매뉴얼   4

프롤로그 회계를 활용하는 사람, 회계에 휘둘리는 사람   6

제1장
이것만 알면 재무제표를 비즈니스에 활용할 수 있다

1. 산수만 알면 회계를 이해할 수 있다   23
    회계는 왜 있는 걸까?   23
    회계의 종류는 일단 몰라도 된다   25

2. 3가지 재무제표(S/F, P/L, C/F)에서는 이 점을 눈여겨보자   26
    재무상태표, 손익계산서, 현금흐름표란 무엇일까?   26
    꼭 봐야 하는 계정과목   29

3. 재무상태표와 손익계산서는 수도관과 수영장의 관계   32
    Flow와 Stock은 어떻게 다를까?   32
    재무제표를 특수 카메라로 촬영한다면…   35

4. 손익계산서로 비즈니스의 수익구조를 파악한다   37
    우선 수익구조부터 확인하자   37
    손익구조를 상품별로 파악하려면?   38

구성비를 계산하면 한눈에 알 수 있다 40

5. 손익계산서의 4가지 이익은 이렇게 확인한다 43
각 이익은 어떤 의미를 갖고 있을까? 43
3가지 이익률을 높이려면? 46

6. 가격이 같아도 매출총이익률이 다르면 이익이 달라진다 48
가격이 같은데 매출총이익이 2배나 다르다고? 48
직영점과 도매점의 매출총이익률 차이는? 51

7. 초보자도 할 수 있는 재무상태표 이해법 54
재무상태표는 '회사의 재정 상태'를 나타낸다 54
재무상태표에는 2가지 의미가 더 있다 56

8. 재무상태표에서는 이 과목을 제일 먼저 확인하자 59
가장 중요한 과목인 현금과 재고 59
1년에 한 번은 재고 대청소를 하자 60
총자산이 쓸데없이 부풀려지지 않았는가? 61

9. 재무상태표, 손익계산서, 현금흐름표의
연결 관계를 이해하자 63
손익계산서의 이익은 재무상태표의 순자산에 저장된다 63

3가지 재무제표는 여기서 연결된다   65

10. 회사의 건강 상태를 어떻게 확인할까?   67
    5가지 방법으로 진단하자   67

11. 경영분석지표로 회사 상태를 확인한다   72
    꼭 기억해야 하는 12가지 지표   72

제2장
회사가 생존하기 위해 가장 중요한 것은 현금흐름이다

1. 이익과 현금은 어떻게 다를까?   81
    '이익=현금'이 아닌 이유   81
    2가지 식을 동시에 생각하자   83

2. 사업이 잘될수록 운전자금이 부족해진다고?   85
    장사가 잘되는데 돈이 부족한 이유는?   85
    흑자인데 파산하는 이유   88

3. 현금흐름표(C/F)를 비즈니스에 어떻게 활용할까?   91
    현금흐름표의 기본   91
    실제 현금흐름표를 살펴보자   94
    잉여현금흐름은 회사가 자유롭게 쓸 수 있는 돈   97

4. '자금운용 예정표'로 자금운용에 대한 불안을 해소하라 99
- 돈의 '앞처리'를 하자 99
- '자금운용 예정표'는 자금운용 목록표다 100

5. 현금은 매출의 몇 개월분을 보유해야 안심일까? 104
- 2개월분 매출액이 기준 104
- 어느 기업이 수중자금을 많이 보유하고 있을까? 105

6. 현금흐름 개선책 1
: 회수 조건은 앞당기고 지급 조건은 늦춘다 108
- 매출 회수 조건을 앞당기려면? 108
- 매입 지급 조건을 늦추려면? 110
- 균형이 잡히면 자금운용이 편해진다 111

7. 현금흐름 개선책 2 : 비즈니스 모델을 변경한다 113
- 선수금 비즈니스는 현금흐름의 우등생 113
- 자금운용이 편해지는 비즈니스 모델은? 114

8. 현금흐름 개선책 3 : 사내에서 현금을 짜낸다 117
- '경영 자원의 선택과 집중'을 한다 117
- 상류로 거슬러 올라가 성공한 유니클로 120
- '무재고 물류'가 현금흐름을 개선한다 121

9. 현금흐름 개선책 4 : 자금을 조달한다 122
- 자금을 끌어오는 5가지 방법 122

제3장
비즈니스 현장에서 도움이 되는 '회계수치' 사용법

1. 어떤 식으로 매출을 늘려서 이익을 올릴 것인가? ············ 131
    매출액을 분해하면 구체적인 대책이 보인다 ············ 131

2. 이익이 나는 판매가는 어떻게 결정할까 ············ 136
    원가를 종합하고 거기에 이익을 얹는다 ············ 136
    판매가를 잘못 결정하면 큰일 난다 ············ 139

3. 매출을 얼마나 올리면 목표이익에 도달할 것인가? ············ 142
    비용을 변동비와 고정비로 나누어본다 ············ 142
    손익분기점을 구하려면? ············ 146

4. 상품 가격 할인은 어느 수준까지 용납할 수 있을까? ············ 150
    할인율 표를 만들어 계산해보자 ············ 150
    변동비 계산을 기준으로 삼는다 ············ 152

5. 지급 능력이 불안한 고객에게 상품을 판매할 것인가? ············ 155
    무리한 수주는 자금운용을 어렵게 만든다 ············ 155
    대손을 방지하기 위한 해결책 ············ 157

6. 비용을 어떻게 줄여서 이익을 올릴 것인가? ············ 159
    이것이 비용 감축의 구체적인 대책이다 ············ 159
    구매 및 지급 프로세스를 검토한다 ············ 162

7. 직원 채용 시점과 인건비를 어떻게 할 것인가? 164
    직원을 채용하면 채산이 맞을까? 164
    인재를 비용이라는 관점에서 바라본다 165
    이익을 직원에게 어느 정도 배분할 것인가? 167
    이익 증가와 급여 인상은 양립할 수 있다 171

8. 재고를 줄여야 하는가, 늘려야 하는가 172
    재고에 대한 견해는 부서별로 다르다 172
    재고가 늘어나면 세금이 늘어난다 174

제4장
목표달성을 위해 '회계 PDCA'를 실행하라

1. 회계적 사고로 PDCA 사이클을 실행하는 것이
   목표를 달성하는 지름길 179
    PDCA 사이클을 실행할 때 필요한 2가지 질문 179
    얼마나 자주 실행할 것인가? 182

2. PDCA 3종 세트 1 : 일단 '월 재무제표'를 작성하자 185
    월 재무제표는 '회사의 성장 기반'이 된다 185
    다음 달 5일까지 만드는 것이 원칙 187

3. PDCA 3종 세트 2 : 회사가 성장하면
   '사업부별 손익표'를 작성하라 189

사업이 하나뿐이라면 알기 쉽지만…	189
손익계산서에는 나타나지 않는 각 사업의 구조를 파악하라	191

4. PDCA 3종 세트 3 : 평가 기준인 KPI를 설정하자　　193
　KPI는 목표달성을 위한 필수 아이템　　193
　야마토운송의 독특한 KPI　　195

5. 계획(P)에 따라 성패가 결정된다　　197
　목표를 낮게 잡지 마라　　197
　목표에서 역산하여 계획을 세운다　　198
　행동 계획은 '5W2H'로 정한다　　199

6. 경영계획을 어떻게 세우면 좋을까?　　201
　경영계획은 3가지 시나리오를 써둔다　　201
　내년도 경영계획을 세운다　　202
　중장기 경영계획을 세운다　　204

7. 실행(D)을 방해하는 요인을 어떻게 제거할 것인가?　　206
　예기치 못한 장애물을 흡수하자　　206
　전체를 고려하여 생각하고 실행한다　　208

8. 검증(C)을 통해 문제점을 찾고 대책을 세운다　　210
　계획과 실적의 차이를 확인하자　　210
　분석 시 주의할 점　　211
　무엇이든지 수치화하는 후쿠오카의 회사　　214

9. 개선(A) 성과를 높이기 위해 알아둘 점 　215
　　인과관계를 파악한다 　215
　　좋은 개선책은 좋은 보고에서 태어난다 　216

10. 사례로 살펴보는 PDCA 사이클을 효율적으로 실행하는 방법 　219
　　행운제과의 고민 　219
　　기사회생의 계획 　221
　　후쿠미야 사장의 실행력 　222
　　KPI가 나타낸 이상 수치 　223
　　개선 끝에 보이는 희망 　224

에필로그 회계를 무의식중에 잘 활용하려면 　226

부록
경영관리 문서 작성법과 복식부기의 기초

1. 경영관리 문서 작성법 　233
　　월 결산보고서 작성법 　233
　　사업부별 손익표 작성법 　236
　　자금운용 예정표 작성법 　240

2. 복식부기의 기초 　245
　　분개 규칙과 흐름 　247
　　실제로 분개를 해보자 　252

제1장

이것만 알면 재무제표를 비즈니스에 활용할 수 있다

지금 바로
회계에
눈을 떠라

산수만 알면
회계를 이해할 수 있다

회계는 왜 있는 걸까?

이 세상의 모든 조직 활동을 하나의 관점에서 설명할 수는 없다. 그러나 모든 기업 활동은 재무제표로 대부분 설명할 수 있다.

인간이 회사에서 일을 하면 돈이 들어오거나 나가고 회계는 그 움직임을 기록한다. 올바른 규칙(회계기준)을 바탕으로 기록된 숫자(회계수치)는 절대 거짓말을 하지 않는다. 업종과 규모에 상관없이 기업 활동을 설명하는 데 쓰이는 도구가 바로 회계다.

큰 틀에서 정의하자면, 회계는 비즈니스의 행동 지침이자 사업 관계자에게 기업 활동의 성과를 보고하기 위한 도구다. 이것은 초등학교에서 배우는 사칙연산(+-×÷)만 알면 이해할 수 있는 수준으로 전혀 어렵지 않다.

고객에게 도움이 되는 비즈니스를 하면 고객은 그 상품의 품질이나 가격에 수긍하여 돈을 지불한다. 이렇게 이익이 발생하면 현금이 차곡차곡 쌓여간다.

반대로 고객에게 별 도움이 되지 않는 비즈니스를 하면 고객이 그 상품을 받아들이지 않아 이익이 나지 않는다. 그러면 회사를 설립했을 때의 자금이 조금씩 줄어들다가 결국 파산할 것이다. 그러므로 경영자는 처음부터 어떻게 해야 제대로 수익이 나고 그 수익을 어떻게 활용해야 사업을 계속할 수 있는지 심사숙고해야 한다.

그때 '지금 아주 잘하고 있어!'라거나 '이대로 가면 위험해!'라는 센서 역할을 하는 것이 회계다. 목수가 톱과 대패를 사용하여 집을 짓듯이 경영자는 회계라는 도구를 사용하여 회사의 조타수를 잡는다.

회계는 돈을 출자한 주주와 돈을 빌려준 은행에게 '사업 현황이 이렇다'라고 설명해주는 자료 역할도 한다. 말로만 설명하기보다 성적표처럼 숫자로 이루어진 증빙자료가 있는 편이 훨씬 설득력 있기 때문이다.

회계의 종류는 일단 몰라도 된다

　회계 서적을 읽으면 종종 '재무회계'와 '관리회계'의 차이점이 나온다.

　재무회계는 주주, 은행, 세무서 등 외부관계자에게 정보를 전달하기 위한 회계다. 재무상태표, 손익계산서, 현금흐름표 등의 재무제표, 회계방침과 주석 등 회계기준에 정해진 규칙에 따라 자료를 작성한다.

　한편 관리회계는 원가계산서나 사업부별 손익표 등 경영자와 관리자 같은 내부관계자에게 정보를 전달하기 위한 회계다. 회계기준과 같이 정해진 규칙은 없으며 비교적 자유로운 형식으로 자료를 작성한다.

　다만 비즈니스 현장에서는 재무회계와 관리회계를 구별하지 않고 자료를 작성하거나 회계용어를 사용하는 경우가 많으므로 여기서도 그렇게 하겠다. 또 상장기업은 결산서(재무제표)의 목적에 따라 기업회계, 세무회계, 국제회계 등 다양한 회계 제도를 준수하고 때로는 혼용하여 재무제표를 작성한다. 그러나 예를 들어 어디까지가 기업회계이고 어디까지가 세무회계인지 세세하게 따지면 오히려 혼란스러우므로 여기서는 생략하도록 하겠다.

　그러면 먼저 재무제표 이야기부터 해보자.

3가지 재무제표(S/F, P/L, C/F)에서는
이 점을 눈여겨보자

재무상태표, 손익계산서, 현금흐름표란 무엇일까?

　기업 회계는 모든 거래를 복식부기라는 규정에 따라 기록하고 1년 간격으로 결산을 하여 2가지 재무제표를 작성한다. 이것이 재무상태표와 손익계산서다.

　재무상태표Statement of Financial position, S/F는 1년간의 결산일에 플러스 재산(자산)과 마이너스 재산(부채), 플러스 재산에서 마이너스 재산을 차감한 순자산(자본)을 표시한다.

　손익계산서Profit and Loss statement, P/L는 결산일까지의 1년간 수익(매출 등)과 비용(매출원가, 판매비 및 일반관리비 등), 수익에서 비용을 차감한 이익을 표시한다.

또 2가지 재무제표 외에 결산일까지 1년간의 돈Cash의 흐름Flow에 주목하여 영업활동, 투자활동, 재무활동이라는 3가지 활동을 나타낸 현금흐름표Cash Flow Statement, C/F라는 재무제표가 있다. 이것은 재무상태표와 손익계산서에서 일부 계정과목과 금액을 선별하여 만든 것이다.

현금흐름표는 상장기업의 재무제표에는 빈번하게 등장하지만 주로 투자자에게 설명하기 위해 작성한 자료이므로 중소기업에서는 거의 쓰이지 않는다.

자금운용 도구로 활용하기에는 다소 불편한 점이 있기 때문에 중소기업에서는 현금흐름표 대신 '자금운용표'라는 자료를 만든다. 자금운용표는 미래의 계획 수치를 표시한 '자금운용 예정표'와 과거 실적 수치를 표시한 '자금운용 실적표' 이렇게 2종류가 있다.

나는 매월 자금운용 예정표를 작성하여 다음 달 이후의 자금운용 계획을 검토하고 결산작업을 하는 마지막 달에만 1년간 현금이 들어오고 나간 내역을 설명하는 현금흐름표를 만드는 방식을 추천한다.

3가지 재무제표의 상세 내용은 나중에 다루겠다. 지금은 도표 1에 나오는 주요 계정과목과 구조만 기억해두자.

도표 1 재무제표의 구조

재무상태표(S/F)

유동자산	유동부채

현금 및 현금성자산
   받을어음 및 외상매출금
   유가증권
   재고자산
   기타
	지급어음 및 외상매입금
	   단기차입금
	비유동부채
	   장기차입금
	   충당부채

비유동자산	부채 총계

유형자산
   무형자산
   투자자산 및 기타비유동자산
	주주자본
	   자본금
	   이익잉여금

	자본(순자산) 총계
자산 총계	**부채 및 자본 총계**

손익계산서(P/L)

매출액

매출원가

매출총이익

판매비와 관리비

영업이익

영업외수익

영업외비용

__*법인세 차감전 순이익(경상이익)__

법인세 등

당기순이익

현금흐름표(C/F)

영업활동으로 인한 현금흐름
당기순이익
매출채권의 순증가(감소)
매입채권의 순증가(감소)
투자활동으로 인한 현금흐름
유형자산의 취득
유형자산의 처분
재무활동으로 인한 현금흐름
단기차입금의 순증가(감소)
장기차입금의 순증가(감소)
현금의 순증가(감소)
기초 현금
기말 현금

※ 세세한 과목명은 생략했다. C/F의 '현금'을 정확히 말하면 '현금 및 현금성자산'이지만 여기서는 '현금'으로 부르겠다.

* 법인세 차감전 순이익과 경상이익이 정확히 일치하지는 않지만 재무제표 분석목적상 큰 차이가 발생하지 않으므로 이 책에서는 동일한 개념으로 봐도 무방하다.

꼭 봐야 하는 계정과목

　재무상태표와 손익계산서 등의 재무제표를 실제로 보면 앞장에 표시된 계정과목 아래에 다양한 세부 과목이 있다. 이 과목들은 모두 각각의 의미를 가지고 있으므로 무엇이 특히 중요하다고 단언할 수는 없다.

　이렇게 말하면 어떤 사람은 '뭐? 그럼 그 과목들을 전부 다 외워야 하나?'라고 반론할 것이다. 내 욕심 같아서는 모든 과목과 금액을 비롯하여 전기말에서 일어난 변화, 즉 증가하거나 감소한 금액도 기억했으면 좋겠다. 재무제표의 과목과 금액은 기업 활동의 '결과'일 뿐이므로 왜 그렇게 증가했는지(감소했는지), 즉 그렇게 된 '원인'(증가하거나 감소한 이유)을 파악하는 것이 더 중요하다.

　예를 들어 '재무상태표의 현금 및 현금성자산이 5,000만 엔 감소한 것은 설비투자에 3,000만 엔을 투자하고 차입금을 2,000만 엔 상환했기 때문'이라는 식이다. 이렇게 이유를 알게 되면 '그렇구나!' 하고 수긍하거나 '설비에 그렇게 많은 돈을 쓰다니…'라고 반성하는 등 확실한 태도를 취할 수 있다.

　'과목과 금액이 중요하다는 건 잘 알겠지만 이것을 어떻게 전부 외우란 말이냐'라고 생각하는 사람을 위하여 우선 필수 과목만 살펴보자. 재무제표와 친해지려면 어쩔 수 없으니 이것만큼은 기억해두자.

재무상태표

① 현금 및 현금성자산

② 재고자산(상품 및 제품, 원재료 및 저장품, 재공품: 완성 안 된 판매 불가 제품 등)

③ 차입금(단기차입금, 장기차입금)

④ 자본(순자산) 총계

손익계산서

⑤ 매출액

⑥ 매출총이익

⑦ 영업이익

현금흐름표

⑧ 영업활동 현금흐름

⑨ 기말 현금 잔고

재무상태표의 재고자산(재고라고도 한다)이 기초보다 너무 감소하거나 증가하는 것은 문제가 있으므로 매출 성장 속도를 봐가며 조절해야 한다.

또 재무상태표의 차입금은 되도록 0으로 한다. 즉, '무차입 경영'이 이상적이다. 그러나 정상적인 운전자금이나 성장의 지렛대 역할을 하기 위한 설비투자자금을 차입하여 계획적으로 상환할 수만 있다면 전혀 문제되지 않는다. 지나치게 많이 빌리지 않도록 주의해야 한다는 점에서 중요한 과목이라고 한 것이다. 차입금은 상환기한이 1년 이내인지 1년 이상인지에 따라 단기차입금과 장기차입금으로 구분된다.

재무상태표와 손익계산서의 그 밖의 과목들은 기초보다 증가해야 바람직하며 원칙적으로 플러스 수치여야 한다. 금액이 줄었다면 그 이유를 확인하자. 두 번 다시 줄지 않도록 하지 않으면 '위험'하다는 신호이기 때문이다.

현금흐름표에서는 '영업활동으로 인한 현금흐름'이 플러스인지 아닌지와 마지막에 나오는 '기말 현금 잔고(기말 현금 및 현금성자산)'가 기초보다 증가했는지 살펴보자.

여기서 나온 현금의 정식 용어는 '현금 및 현금성자산'이며 현금, 보통예금, 당좌예금, 3개월 이내의 정기예금 등 환금성이 높은 자산을 말한다. 또 기초와 기말이라는 용어는, 가령 1월 1일부터 12월 31일까지를 1년간의 회계기간으로 설정한 재무제표의 경우, 1월 1일이 기초, 12월 31일이 기말이다.

1년에 한 번 작성하는 재무제표뿐 아니라 매월 만드는 월 재무제표에서도 이 과목들의 금액 변화에 주의해야 한다. 처음에는 어렵다고 느끼겠지만 계속 보다 보면 익숙해질 것이다.

재무상태표와 손익계산서는
수도관과 수영장의 관계

Flow와 Stock은 어떻게 다를까?

사람이 회사에서 일하면 반드시 돈이 들어오거나 나가기 마련이다. 매출을 일으키기 위해 1년간 어떤 활동을 하여 돈을 얼마나 썼는지, 모든 거래가 그에 해당하는 과목에 기록되고 기말에 연간 재무제표가 작성된다.

각각의 과목은 1년간 매일 늘어났다 줄어들었다 하며 증감이 발생하지만 재무상태표에는 기말일의 잔고(보유된 금액, Stock)만 표시된다. 또 손익계산서의 과목에는 1년간 매일 쌓여온 금액의 합계(흐름이 누적된 금액, Flow)가 표시된다. 현금흐름표의 과목은 1년간 쌓인 현금의 순증가(또는 감소)와 잔고가 표시된다.

재무상태표가 Stock이고 손익계산서가 Flow라고 표현했지만 그게 무슨 뜻인지 와 닿지 않을 수도 있겠다. 좀 더 쉽게 이해할 수 있도록 수도관과 수영장에 비유해보자.

도표 2처럼 수도관을 통해 수영장에 1년간 물을 주입했다고 가정하자. 1월 1일, 수영장에는 원래 어느 정도 물이 차 있었다. 1년의 마지막 날인 12월 31일에 다음과 같은 점을 조사했다.

- 1년간 수도관을 통해 흘러들어간 물의 양(Flow)
- 1년 뒤 수영장에 채워진 물의 양(Stock)

도표 2 수도관과 수영장의 수량을 측정한다

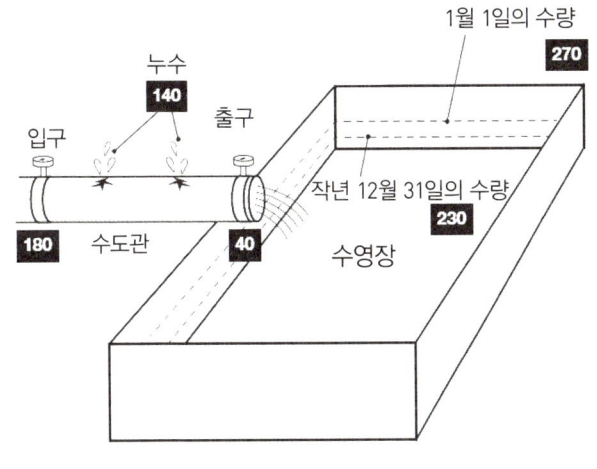

도표 3 수도관은 손익계산서, 수영장은 재무상태표와 비슷하다

① 수도관을 흘러간 물의 양 = Flow

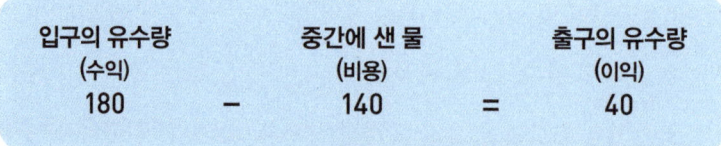

손익계산서(P/L)

② 수영장에 차 있는 물의 양 = Stock

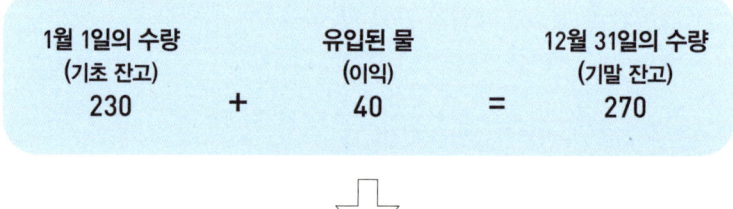

재무상태표(S/F)

　수도관에는 입구와 출구에 수량계가 달려 있다. 시설 입구에서 측정한 유수량은 180이고 수도관에는 균열이 나 있어서 140만큼 물이 샜다고 하자. 그럼 출구에서 측정한 유수량은 40이 된다.

　수영장에는 작년 12월 31일자에 물이 230만큼 있었다. 그 상태에서 1년간 수도관에서 40이 주입되었고 금년 12월 31일에 수영장에

차 있는 수량은 270이 되었다.

그러면 수도관과 수영장의 관계를 손익계산서와 재무상태표에 빗대어보자. 도표 3을 살펴보자.

수도관을 통해 흘러들어간 물의 양은 Flow(흐름)를 계산했으므로 손익계산서와 비슷하다. 시설 입구의 유수량이 '수익'에 해당하고 누수된 양이 '비용', 출구의 유수량이 '이익'이다.

한편 수영장에 채워진 물의 양은 Stock(잔고)을 측정했으므로 재무상태표와 비슷하다. 1월 1일의 수량이 '기초 잔고', 12월 31일의 수량이 '기말 잔고'가 된다.

이 설명을 읽고 대략적인 이미지만 떠올릴 수 있으면 된다.

재무제표를 특수 카메라로 촬영한다면…

그러면 재무상태표와 손익계산서, 현금흐름표의 차이를 다른 비유를 들어서 설명하겠다. 꾸며낸 이야기이므로 이것도 이미지만 머릿속에 남겨두면 된다.

가령 '모든 기업 활동'을 어떤 특수 카메라로 촬영할 수 있다고 하자. 3가지 재무제표의 차이는 다음과 같다.

- 기말에 회사에 있는 모든 재산을 찍은 사진(정지 영상)이 재무상

태표다.

- 1년간의 거래를 보통 렌즈로 계속 촬영한 비디오(동영상)가 손익계산서다.
- 1년간의 거래를 현금만 찍히는 렌즈로 계속 촬영한 비디오(동영상)가 현금흐름표다.

이것은 물론 비유이지만 언젠가 정말로 그런 카메라가 발명된다면 복식부기가 필요 없어질지도 모르겠다.

손익계산서로 비즈니스의 수익구조를 파악한다

우선 수익구조부터 확인하자

상품이 판매되어 매출과 이익이 발생하고 현금이 계속 증가하면 회사는 파산하지 않는다. 즉 다음 2가지 공식이 동시에 성립하면 사업을 지속하여 성장시킬 가능성이 있다는 말이다.

① 매출액 − 매출원가 − 비용 = 이익
② 현금 수입 − 현금 지출 = 현금 잔고

이 공식 중 ②에 대해서는 제2장에서 설명하기로 하고 지금은 ①

을 살펴보자.

'매출액 – 매출원가 – 비용 = 이익'을 한 사업부에서 한 종류의 상품이 일정 기간에 팔렸을 때의 식이라고 생각하자. 이 식은 그 사업의 기본적 '손익구조'를 나타낸다. 다른 말로 표현하자면 '수익구조'다.

여기서 매출액은 상품을 팔고 얻는 대가를 말한다. 매출원가는 그 상품을 만드는 원재료에 든 금액(원가)이다. 그리고 비용은 그 상품을 판매하거나 회사 업무를 관리하는 데 든 판매비와 관리비(판관비라고도 한다)를 말하며, 광고선전비, 판매수수료, 배송비, 인건비, 임대료, 감가상각비 등이 이에 해당된다.

매출액에서 매출원가와 비용을 차감한 수치가 플러스면 이익이 난 것이지만 마이너스면 손실이 난 것이다. 손익구조가 마이너스면 아무리 노력해도 소용이 없다는 의미이므로 최대한 빨리 그 상품(사업)에서 손을 떼야 한다.

손익구조를 상품별로 파악하려면?

한 종류의 상품만 판매한다면 간단하지만 대개는 여러 종류의 상품을 한데 묶은 수치가 손익계산서에 반영되므로 손익구조를 상품별로 파악하는 것은 사실 쉽지 않다.

예를 들어 한 제조업체가 3종류의 상품을 제조·판매하고 있으며 각 상품에 대한 공장과 영업소가 3곳씩 있고 그들을 총괄하는 본사가 있다고 하자.

이 회사의 손익계산서상 과목은 다음과 같이 구성된다.

① 매출액 … 3개의 영업소에서 판매된 3종류 상품의 총매출액
② 매출원가 … 3개의 공장에서 제조한 3종류 상품의 총제조원가 (원재료비, 노무비, 제조경비) 중 판매된 상품의 제조원가 금액
③ 판관비 … 본사의 모든 부서와 3개의 영업소에서 판매 및 관리에 쓰인 경비의 합계액

이 손익계산서만 봐서는 3종류 중 어느 상품이 수익을 내고 있는지 알 수가 없다. 따라서 상품별로 분류한 손익계산서를 만들어야 한다. 그러려면 ③ 판관비 내역을 상품별로 나누어야 한다.

3개의 영업소의 경비는 상품 종류별로 나뉘어 있으므로 '직접비'로서 그대로 적용할 수 있지만, 본사 경비는 3종류의 상품 중 무엇을 제조·판매하기 위해 쓰였는지 특정할 수 없는 '공통비'인 셈이므로 그 금액을 종류별로 배분해야 한다.

이 공통비를 배분할 때는 매출액 비율로 나누는 방법이 잘 쓰인다.

A상품의 매출액이 3억 엔, B상품은 1억 엔, C상품은 2억 엔이고 본사 판관비가 5,000만 엔이라고 가정할 경우, 본사 판관비를 매출액 비율별로 배분하여 '본사의 판관비는 A에 2,500만 엔, B에 800만

엔, C에 1,700만 엔 들었다'고 간주하는 것이다.

좀 어렵게 들리겠지만 직접비와 공통비를 구분하는 기준만 이해하면 충분하다.

구성비를 계산하면 한눈에 알 수 있다

사업의 손익구조를 이해하려면 1년간(월 결산인 경우에는 1개월간) 각 항목별 실적치를 도출한 뒤 매출액을 100으로 잡았을 때의 구성비를 계산해야 한다. 그러면 상품별·거점별 손익구조를 파악할 수 있으므로 앞으로 어떤 판매 방식으로 이익을 낼 것인지 생각하는 자료가 된다. 도표 4에 2가지 예를 들었다.

예 ①을 보면 매출액이 적은 C상품의 손익구조가 가장 뛰어나다. 매출액을 100으로 잡았을 때의 구성비를 살펴보면 영업이익은 A상품이 6, B상품이 13인데 비해 C상품은 무려 20이나 된다. 즉 C상품이 가장 효율적으로 이익을 내고 있다는 말이다. 손익구조가 취약한 A상품을 판매하는 데 들이는 수고를 줄이고 C상품의 판매를 늘려야 한다.

예 ②에서는 매출액 자체는 Y점이 X점보다 적지만 판매효율과 손익구조면에서는 Y점이 더 높다. 구성비는 상당히 유사하지만 판관비 중 직접비를 보면 Y점이 더 낮다. 그 차이가 이익을 창출하는 구조를

도표 4 사업의 손익구조를 확인한다

① 상품이 3종류인 경우 (만 엔)

손익계산서		전체	구성비 (%)	A상품	구성비 (%)	B상품	구성비 (%)	C상품	구성비 (%)
매출액		15,000	100	8,000	100	4,500	100	2,500	100
매출원가		8,600	57	5,100	64	2,400	53	1,100	44
매출총이익		6,400	43	2,900	36	2,100	47	1,400	56
판관비	직접비	1,800	12	800	10	600	13	400	16
	공통비	3,000	20	1,600	20	900	20	500	20
영업이익		1,600	11	500	6	600	13	500	20

※ 상품별로 직접비를 계산하고 공통비를 매출액 비율에 따라 각 상품에 배분했다.

② 거점이 3곳(본부, X점, Y점)인 경우 (만 엔)

손익계산서		전체	구성비 (%)	본부	구성비 (%)	X점	구성비 (%)	Y점	구성비 (%)
매출액		22,000	100	0	–	12,000	100	10,000	100
매출원가		13,000	59	0	–	7,100	59	5,900	59
매출총이익		9,000	41	0	–	4,900	41	4,100	41
판관비	직접비	6,100	28	3,000	–	1,850	15	1,250	12
	공통비	0	0	–3,000	–	1,636	14	1,364	14
영업이익		2,900	13	0	–	1,414	12	1,486	15

※ 본부의 직접비를 매출액 비율에 따라 X점과 Y점에 배분했다.

구성비를 계산하면 '손익구조'가 일목요연하게 보인다!

※ 세세한 과목명은 생략했다. C/F의 '현금'을 정확히 말하면 '현금 및 현금성자산'이지만 여기서는 '현금'으로 부르겠다.

개선한 것이다. 향후 신규점을 열 때는 Y점의 손익구조를 목표로 예산을 짜야 한다.

손익계산서의 4가지 이익은 이렇게 확인한다

각 이익은 어떤 의미를 갖고 있을까?

일반적으로 손익계산서에는 매출총이익, 영업이익, 법인세 차감전 순이익(경상이익), 당기순이익, 이렇게 4가지 이익이 나온다. 위에서 각 이익의 고유한 특성과 차이점을 알아두면 손익계산서를 깊이 이해할 수 있고 각 이익을 늘리기 위해 어떤 수단을 쓰면 될지도 알 수 있다.

그러면 차근차근 내용을 살펴보자.

① 매출총이익

매출액에서 매출원가를 차감한 이익을 말한다. 매출원가는 그 기업에서 만든 제품일 경우에는 제조원가, 매입한 상품일 경우에는 매입원가를 의미한다.

예를 들어 100엔에 매입한 상품을 130엔에 판매했다고 하면 매출원가는 100엔이고 매출총이익은 30엔이다. 이 매출총이익을 얼마나 늘릴 수 있는지에 따라서 사업의 '손익구조'가 완전히 달라진다. 매출총이익이 감소하면 ②~④의 모든 이익에 엄청난 영향을 미치기 때문에 항상 매출총이익을 확인해야 한다. 매출총이익이 마이너스면 사업은 적자가 되므로 상품 판매를 중지해야 한다.

도표 5 손익계산서에는 4가지 이익이 있다

(천 엔)

과목	금액	구성비	
매출액	560,000	100.0%	
매출원가	224,000	40.0%	
매출총이익	336,000	60.0%	①
판매비와 관리비	280,000	50.0%	
영업이익	56,100	10.0%	②
영업외수익	1,200	0.2%	
영업외비용	4,300	0.8%	
법인세 차감전 순이익(경상이익)	52,500	9.4%	③
법인세 등	21,000	3.8%	
당기순이익	31,500	5.6%	④

② 영업이익

매출을 올리려면 다양한 비용, 예를 들어 인건비, 임대료, 수도광열비, 광고선전비 등을 지급해야 한다. 영업이익은 판관비를 매출총이익에서 차감하여 계산하며 그 기업 고유의 활동으로 벌어들인 이익을 말한다.

③ 법인세 차감전 순이익(경상이익)

법인세 등 회사소득에 관련된 세금을 납부하기 전의 이익이다. 영업이익에 영업외수익(배당금, 이자수익, 유형자산처분이익 등)을 더하고 영업외비용(이자비용, 유형자산처분 등)을 뺀다. 은행예금으로 말하자면 이자를, 주식을 보유하고 있다면 배당금을 받으므로 그 항목들을 영업이익에 더한다. 은행에서 돈을 빌렸다면 이자를 지급해야 하므로 그것을 영업이익에서 뺀다. 또 사업이 적자일 때 유휴자산(토지, 건물 등)을 매각하여 이익을 내는 일이 종종 있다. 이것이 유형자산처분이익이며 매각한 금액에서 장부상 금액(그 자산을 구입했을 때 기록한 금액)을 차감하여 이익이 났을 경우, 그 금액을 유형자산처분이익으로 표시한다.

④ 당기순이익

법인세 차감전 순이익에서 법인세 등의 세금을 차감한 이익을 말하며 매출액에서 모든 비용과 세금을 제하고 남은 이익이므로 최종

이익이라고도 한다. 당기순이익이 플러스면 주주에게 배당금을 지급할 수 있다.

기본적으로는 모든 이익이 플러스가 되어야 하겠지만 보통은 영업이익을 중점적으로 살펴본다. 차입금이 많아서 이자를 지급할 때는 경상이익을 눈여겨보기도 한다.

3가지 이익률을 높이려면?

이익 금액 자체도 중요하지만 매출액을 100으로 잡았을 때의 '구성비'도 중요한 지표다. 또 몇 년분(월 결산의 경우는 몇 개월분)의 손익계산서를 비교할 때는 그 구성비의 '변화율'도 중요하다.

구성비는 앞에서 설명한 손익구조와 동일한 의미이며 이 구성비를 알면 매출액에 대한 각 이익의 비율을 알 수 있다(각 이익을 매출액으로 나누어 산출한다). 그중에서도 매출총이익률, 매출액 영업이익률, 매출액 경상이익률, 이 3가지는 많은 회사가 경영목표로 설정할 정도로 중요한 지표이다. 예를 들어 '내년도 매출액 경상이익률 목표를 6.5%로 한다'는 식이다.

그러면 이 3가지 이익률을 높이려면 무엇이 필요할까?

먼저 재료비를 삭감하거나 상품 매입가를 낮춤으로써 매출원가를 줄여서 매출총이익률을 높이는 방법이 있다. 또는 매출총이익률이 높은 상품을 취급하는 세일즈 믹스(매출총이익률이 다른 상품을 조합하는 것)로 매출총이익이 높은 상품을 많이 팔도록 노력해야 한다.

다음으로 매출총이익이 높아도 판관비가 많이 들면 매출액 경상이익률이 낮아지므로 최소한의 비용으로 판매 체제와 인원 체제를 구축해야 한다. 영업이익이 플러스가 되지 않으면 그 사업은 실패한 것이다.

한편 매출액 영업이익률이 높아도 차입금에 의존하는 체질이면 이자 비용이 늘어나 매출액 경상이익률이 높지 않다. 사업이 궤도에 오를 때까지 어느 정도 차입금이 있는 것은 어쩔 수 없지만 되도록 빨리 차입금 체질에서 빠져나오도록 노력해야 한다.

또한 '변화율'은 이익률이 매월 얼마나 변화했는지 나타내는 수치이며 여기서는 변화한 이유를 찾는 것이 중요하다.

예를 들어 매출총이익률이 12월 말에는 50.2%였는데 다음 해 1월 말에는 49.9%인 경우, 변화율은 -0.3포인트다. 이것은 매우 큰 수치이므로 왜 0.3포인트나 감소했는지 원인을 정확하게 파악해야 한다.

그 결과 예를 들어 '12월 말 대비 매출총이익률이 낮은 상품이 ○○개 많이 팔리고 매출총이익률이 높은 상품이 ○○개 적게 팔린 결과, 전체 매출총이익률이 0.3포인트 낮아졌다'는 식으로 분석되었다면 다음에 어떤 방법을 취해야 할지 알 수 있다.

이렇게 손익계산서를 볼 때는 이익 금액뿐 아니라 구성비와 이익률, 변화율을 함께 확인하도록 하자.

가격이 같아도 매출총이익률이 다르면 이익이 달라진다

가격이 같은데 매출총이익이 2배나 다르다고?

 2종류의 상품을 같은 가격으로 매입해서 같은 가격에 판매할 때는 매출총이익도 같다. 입지 등의 영향을 제외하면 상품별로 판매 방식을 바꿀 필요는 없을 것이다.

 그런데 두 상품의 매입가격은 다르지만 판매가격은 동일한 경우가 있다. 그러면 매출총이익률이 달라지므로 이 경우, 판매 방식을 바꿔야 한다. 동일한 개수를 판매한다면 매출총이익률이 높은 상품을 파는 것이 이익을 늘릴 수 있기 때문이다.

 어느 지하철역 앞에 X점과 Y점이 있고 각각 매입가격이 다른 A와

도표 6 같은 가격의 상품을 판매했는데 매출총이익이 다르다?

① X점의 매출총이익 (엔)

항목	A상품	B상품	합계
판매단가	2,000	2,000	
판매수량	100개	20개	120
매출액	200,000	40,000	240,000
매입단가	1,720	1,100	2,820
매입액	172,000	22,000	194,000
매출총이익	28,000	18,000	**46,000**
매출총이익률	14%	45%	

② Y점의 매출총이익 (엔)

항목	A상품	B상품	합계
판매단가	2,000	2,000	
판매수량	20개	100개	120
매출액	40,00	200,000	240,000
매입단가	1,720	1,100	2,820
매입액	34,400	110,000	144,400
매출총이익	5,600	90,000	**95,600**
매출총이익률	14%	45%	

매출총이익률이 높은 상품을 많이 팔아야 이익이 증가한다

B라는 상품을 같은 가격으로 팔고 있다고 하자.

X점과 Y점은 양쪽 다 A상품과 B상품을 총 120개 팔았다. 그런데 X점의 매출총이익은 46,000엔, Y점은 96,000엔으로 2배 이상 차이가 났다. 대체 어떻게 된 걸까?

그 이유는 A상품과 B상품의 매출총이익률이 다르기 때문이다.

X점은 매출총이익률이 14%인 A상품을 100개, 45%인 B상품을 20개 팔았고 Y점은 매출총이익률이 14%인 A상품을 20개, 45%인 B상품을 100개 팔았다.

X점은 A상품과 B상품을 같은 방식으로 진열했지만 Y점은 B상품의 예쁜 디자인과 적당한 가격을 강조하는 홍보문구를 붙여서 고객에게 상품의 상세 정보를 알리는 데 힘썼다. 그 성과가 실적으로 나타난 것이다.

상품별 매출총이익을 숙지하고 어느 상품을 팔면 얼마나 이익이 나는지 이해하고 나서 판매 방법과 고객 응대법을 연구하는 것이야말로 사업 활동의 기본이다.

이것은 요식업도 마찬가지다. 같은 가격의 세트 메뉴가 여러 개 있어도 식자재별로 원가율이 다르기 때문이다. 원가율이 낮은, 즉 매출총이익이 높은 메뉴의 주문수량을 늘리게끔 연구해야 한다. 메뉴판을 만드는 방식이나 입구에 세워놓은 간판, 고객 응대 방법, 홈페이지 디자인, 이벤트 문구 등 방법은 여러 가지다.

직영점과 도매점의 매출총이익률 차이는?

또 다른 예를 들어보자.

한 여성복 제조업체가 있다고 하자. 이 회사는 자사 직영점에서 자사 직원이 판매하는 방식과 백화점 입점 매장에서 판매하는 방식을 병행하고 있다.

양쪽의 고객 판매가는 동일하지만 손익구조에 차이가 난다. 사업부가 2개라고 생각하는 편이 알기 쉬우므로 다음 쪽의 도표 7과 같이 직영점 부서와 도매점 부서로 나누어 생각해보자.

두 사업부의 월 매출액은 직영점 부서가 5,000만 엔, 도매점 부서가 1억 엔이다.

직영점 부서의 경우, 매출총이익률은 60%로 높은 편이지만 직원을 고용하고 임대료를 지급하며 인테리어도 해야 하므로 판관비율도 50%나 된다. 그 결과 영업이익률이 10%에 그쳤다.

한편 도매점 부서는 백화점에 도매가격(소매가격의 70%)으로 상품을 판매한다. 그러나 판관비로 본부 경비 부담분만 적용하면 되기 때문에(30%) 영업이익률은 13%가 나왔다.

매출액 전체로 봤을 때는 규모가 큰 도매점 부서의 영업이익, 영업이익률이 직영점 부서보다 높다.

이번에는 한 상품만 살펴보자. 그러면 좀 다른 방식으로 손익계산서를 보게 된다.

도표 7 직영점 부서와 도매점 부서의 손익구조

① **직영점 부서의 손익구조** (천 엔)

손익계산서	전체		한 상품	
	금액	구성비	금액	구성비
매출액	50,000	100%	100	100%
매출원가	20,000	40%	40	40%
매출총이익	30,000	60%	60	60%
판관비	25,000	50%	50	50%
영업이익	5,000	10%	10	10%

② **도매점 부서의 손익구조** (천 엔)

손익계산서	전체		한 상품	
	금액	구성비	금액	구성비
매출액	100,000	100%	70	100%
매출원가	57,000	57%	40	57%
매출총이익	43,000	43%	30	43%
판관비	30,000	30%	21	30%
영업이익	13,000	13%	9	13%

손익구조를 볼 때는 매출총이익률을 중시해야 한다

직영점 부서가 고객에게 10만 엔에 판매하는 상품의 원가는 4만 엔이므로 매출총이익은 6만 엔(매출총이익률은 60%)이다. 여기서 판관비 5만 엔을 차감하면 영업이익은 1만 엔이 된다.

한편 도매점 부서는 원가 4만 엔인 상품을 7만 엔에 백화점에 납품하므로 매출총이익은 직영점의 반인 3만 엔(매출총이익률은 43%)이다. 여기에 판관비 21,000엔을 차감하면 영업이익은 9천 엔이며 이는 직영점인 1만 엔보다 뒤처지는 수치다.

즉 손익구조를 볼 때는 금액뿐 아니라 매출총이익률을 중시해야 한다.

이처럼 같은 상품을 팔아도 매출총이익과 매출총이익률이 다르고 손익구조가 전혀 다른 경우가 있다는 점을 알아두자.

당신은 평소 자사 상품의 매출총이익률을 높일 방법을 생각하는가?

매출총이익률은 전년대비 1포인트만 줄어도 영업이익을 비롯한 각종 이익에 지대한 영향을 미친다. 그만큼 중요한 비율이므로 조금이라도 매출총이익률을 높이기 위해 노력해야 한다.

판매가격이나 상품 구성, 원가 구성을 재고한다든가 매입처에게 가격 인하 제안을 한다든가 아예 매입 루트를 바꾼다든가 SPA(제조소매업)를 목표로 하는 등 방법은 여러 가지다. 최대한 여러 부서의 직원들과 의견을 교환하고 실행하자.

초보자도 할 수 있는
재무상태표 이해법

재무상태표는 '회사의 재정 상태'를 나타낸다

'손익계산서는 회사 성적표나 마찬가지라서 중요하다는 건 알겠는데 재무상태표는 뭐가 어떻게 중요한지 모르겠다.'

이것이 많은 경영자와 비즈니스맨의 속내다.

손익계산서는 1년간의 '수익'과 '비용'이 어느 정도이고 그것들을 차감한 '손실' 또는 '이익'이 얼마나 되는지 나타낸다.

한편 재무상태표는 기말 '자산'과 '자본' 상태, 즉 회사의 재정 상태를 나타낸다.

재무상태표의 왼쪽(차변이라고 한다)에는 자산 항목이, 오른쪽(대

도표 8 재무상태표의 계정과목 분류와 과목명

대과목	중과목	소과목	대과목	중과목	소과목	
자산	유동자산	현금 및 현금성자산	부채	유동부채	지급어음	
		외상매출금			외상매입금	
		유가증권			단기차입금	
		상품 및 제품			미지급금	
		제공품			미지급비용	
		원재료 및 저장품			미지급법인세	
		미수금			선수금	
		단기대여금			예수금	
		기타			기타	
		대손충당금		비유동부채	사채	
	비유동자산				장기차입금	
	유형자산	건물			퇴직급여충당부채	
		건축물			기타	
		기계장치	순자산	주주자본		
		차량운반구			자본금	
		공구·기구·비품			자본잉여금	주식발행초과금
		토지				기타 자본잉여금
	무형자산	소프트웨어			이익잉여금	이익준비금
		기타				미처분 이익잉여금
	투자자산	투자유가증권			자기주식	
		관계회사투자주식				
		장기대여금				
		장기선급비용				
		기타				
		대손충당금				
자산 총계			부채 및 자본 총계			

변)에는 부채와 자본 항목이 기입된다.

자본은 '순자산'이라고도 불린다. 순자산은 '순액'으로서의 자산, 즉 자산과 부채의 차액이라는 의미가 있다.

회사를 설립했을 때부터 계속 이익이 났다면 자산이 부채보다 많으므로 자산에서 부채를 차감하여 자산이 남는다는 의미에서 순자산이라고 표현한다. 반대로 적자가 계속되어 부채가 자산을 초과하면 순부채라고 하지 않고 '채무초과'라고 표현한다는 데 주의하자.

하지만 진짜 번거로운 것은 이제부터다. 지금 말한 자산, 부채, 자본(순자산)은 대과목이고 그 밑으로 다양한 중과목과 소과목이 줄지어 있다. 55쪽의 도표 8에 일반적인 재무상태표의 과목명을 표시해 놓았다.

이 소과목들을 당장 외울 필요는 없다. 반복해서 보다 보면 조금씩 머리에 들어오기 마련이고 자신이 근무하는 회사에서 중요한 과목이 무엇인지 알면 점차 모든 과목을 익히게 될 것이다.

재무상태표에는 2가지 의미가 더 있다

재무상태표의 대과목을 보면 회사의 1년간 거래를 복식부기로 기록한 결과를 확인할 수 있다. 그런데 그와 다른 관점에서 '재무상태표에는 2가지 의미가 있다는 것'을 알아두자.

도표 9 재무상태표를 이해하기 위한 2가지 관점

① 돈의 출처와 사용처를 알려준다

사용처	자산	출처	타인자본 (부채)
			자기자본 (순자산)

※ 오른쪽은 돈의 출처(타인에게 빌린 것인지 자신이 마련한 것인지)를, 왼쪽은 돈의 사용처를 나타낸다.

② 플러스 재산과 마이너스 재산을 알려준다

플러스 재산	자산	마이너스 재산	부채
		양자의 차액	순자산

※ 왼쪽에는 플러스 재산(자산)이 표시되고 오른쪽에는 마이너스 재산(부채)과 양자의 차액(순자산)이 표시된다.

첫 번째 관점은 재무상태표는 돈을 어디서 융통했고(출처) 그 돈을 어떻게 썼는지(사용처)를 나타낸다는 것이다.

재무상태표의 오른쪽에는 '출처'가 표시된다. 남에게 돈을 빌려왔다는 뜻의 '타인자본'과 창업자나 주주, 즉 자신들이 출자했다는 의미의 '자기자본', 그리고 이익을 비축한 것이 더해져 '출처'가 된다. 타인자본은 차입금처럼 상대방에게 갚아야 하는 돈이지만 자기자본은 갚지 않아도 되는 돈이다.

한편 재무상태표의 왼쪽에는 '사용처'가 표시된다. 즉 끌어모은 돈을 어딘가에 쓰면 그것이 '자산'이 되어 왼쪽에 표시된다. 예를 들

어 제품을 만드는 기계를 구입하면 그 내역이 유형자산인 '기계장치'에 표시된다.

자산에는 크게 나누어 유동자산과 비유동자산이 있다. 유동자산은 현금 및 현금성자산, 외상매출금, 유가증권, 재고자산 등 1년 내에 현금화되는 자산을 말한다. 비유동자산은 건물, 기계 및 장치, 토지, 소프트웨어, 투자유가증권 등 장기간 이용하는 자산을 말한다.

두 번째 관점은 재무상태표는 기말의 '플러스 재산'과 '마이너스 재산'을 나타낸다는 것이다. 플러스와 마이너스가 있다는 것은 그것들을 차감한 '순자산'도 있다는 말이다. 왼쪽에는 플러스 재산(자산)이, 오른쪽에는 마이너스 재산(부채)과 그 차액(순자산)이 표시된다.

부채도 자산과 마찬가지로 크게 유동부채와 비유동부채로 나뉜다. 유동부채는 외상매입금, 단기차입금, 미지급금 등 1년 내에 지급해야 하는 부채를 말한다. 비유동부채는 사채, 장기차입금, 퇴직급여충당부채 등 상환기간이 1년 이상인 부채를 말한다.

순자산은 앞서 설명한 자기자본과 같은 의미다. 주주에게 출자를 받은 자본금과 자본잉여금, 매년 창출되는 이익이 쌓인 이익잉여금 등이 여기에 기입된다.

이처럼 2가지 의미를 가진 재무상태표의 과목을 다시 한 번 찬찬히 살펴보자. 아까보다 친근해 보이지 않는가? 여러 번 보다 보면 중요 과목들이 내게 다가온다는 느낌이 들 것이다. 식물이나 반려동물을 키울 때처럼 말이다.

재무상태표에서는
이 과목을 제일 먼저 확인하자

가장 중요한 과목인 현금과 재고

재무상태표는 회사의 재정 상태를 나타내는 재무제표이므로 각 과목들을 확인하면 그 회사가 재무적으로 안전한지, 즉 파산할 염려가 없는지 알 수 있다.

또 중요한 과목에 대한 평가액이 타당한지, 즉 시가(시장 거래 가격)와 장부가(장부 기록 가격, 즉 실매입 금액)의 차액이 없는지 파악하는 근거가 된다. 과대 계상된 손실이 있는지, 외화 자산 평가가 정확한지, 장부가 이상으로 팔리는 재고인지 등 리스크 여부를 확인하기 위한 자료 역할도 한다.

재무상태표에서 가장 중요한 과목은 '현금 및 현금성자산'과 '재고'이므로 이 과목들의 잔고를 항상 확인해야 한다. 현금 및 현금성자산은 현금, 보통예금, 당좌예금, 정기예금 등의 총계를 말한다. 재고는 상품 및 제품, 재공품, 원재료 및 저장품 등 각각의 소과목으로 분류되며 이를 '재고자산'이라고 총칭하기도 한다.

두 과목의 매 월말 수치를 '약 몇만 엔'이라는 식으로 기억해두면 어느 과목이 조금씩 줄어들고 있다거나 매출액과의 관련 비율, 예를 들어 재고가 매출액의 몇 개월분 있는지 등의 지표(74쪽 재고회전기간)도 기억할 수 있다.

제대로 확인해두면 '현금 및 현금성자산이 이보다 더 적어지면 비용을 지급하지 못해 위험해질 것이다', '재고가 이 이상 증가하면 팔리지 않고 남아 있는 불량재고로 전락할 우려가 있다' 등 기준치를 파악하여 앞으로 어떤 수단을 취해야 할지 신속하게 판단할 수 있다.

일반적으로 현금 및 현금성자산은 많을수록, 재고는 적을수록 판매효율이 좋다고 할 수 있다.

1년에 한 번은 재고 대청소를 하자

보통은 1년에 한두 번 실사 재고조사를 한다. 실사 재고조사는 창고 등 현장에 가서 재고를 확인하는 것을 말하며 장부에 기입된 재고자산 수와 실제 재고자산 수에 차이가 없는지 대조한다. 그때 '이 상품은 이 판매가로 팔 수 있다'거나 '이 상품은 이미 트렌드에서 벗어났으니 원래 판매가의 절반으로 팔아야 한다' 등을 평가한다. 즉 재고 대청소라고 생각하면 된다.

재고는 필요할 때에만 있고 불필요할 때는 0인 것이 이상적이다. 원재료의 경우, 제품을 만들 때 순간적으로 입고되어 제품을 완성한 시점에 0이 된다. 제품의 경우, 완성되자마자 즉시 출고되어 전부 매출이 된다. 매일 입출고가 발생하지만 월말에는 모든 재고가 0인 상태가 바람직하다. 이른바 '무재고 물류' 상태다.

재고는 돈이 일시적으로 형태를 바꾼 것으로 돈이나 마찬가지다. 그러나 오랫동안 재고로 남아있으면 돈 가치가 조금씩 없어져 평가손실(매각이나 처분하면 손해를 본다고 여겨지는 금액)이 발생한다. 그러므로 각 재고의 적정액을 정해두고 그 금액 이상이 되지 않도록 관리해야 한다.

총자산이 쓸데없이 부풀려지지 않았는가?

한발 물러나 재무상태표 전체를 보면 왼쪽의 총자산(자산 총계)은 '투자자금 총액'과 '리스크의 크기'를 나타낸다고 해석할 수도 있다.

투자자금 총액은 말 그대로 회사의 총투자액을 뜻하며 이 순자산으로 손익계산서의 당기이익을 나누면 투자대비효과를 확인할 수 있다. 즉 회사가 모든 자산을 이용하여 얼마만큼의 이익을 올리는지 알 수 있다. 이 지표를 ROA(총자산이익률)라고 하며 이것을 경영지표로 삼는 회사도 많다.

그럼 시험 삼아 일본의 상장기업들 중 2014년도 결산에서 총자산이 가장 컸던 3사의 ROA를 살펴보자. 도요타 자동차의 총자산 47.7조 엔으로 당기순이익 2.1조 엔을 나누면 ROA는 4.4%이다. 소프트뱅크는 3.6%, NTT는 2.5%다. 총투자액만 부풀려져 있고 창출한 이익이 적으면 ROA가 감소하므로 투자효율이 나쁘다고 판단된다.

다음으로 '리스크의 크기'란 총자산의 규모가 클수록 큰 리스크가 감춰져 있을 가능성이 있다는 의미다.

예를 들어 만약 총자산 중 1%가 가치 없는 불량자산이라면 앞의 3사는 각각 4,700억 엔, 2,100억 엔, 2,000억 엔의 손실을 끌어안고 있다는 말이다. '고작 1%'라고 생각할지 모르지만 실제 금액으로 환산하면 상당한 손실금액이므로 쓸데없이 총자산을 부풀리는 것은 바람직하지 않다. 최근 종종 들리는 '자산을 갖지 않는 경영'이라는 말은 이 점을 중시한 것이다.

재무상태표, 손익계산서, 현금흐름표의 연결 관계를 이해하자

손익계산서의 이익은 재무상태표의 순자산에 저장된다

　재무상태표, 손익계산서, 현금흐름표는 각각 독립된 것이 아니라 밀접하게 연결되어 있다. 3가지 재무제표의 연결 관계를 이해하면 재무제표의 구조를 구체적으로 파악하고 회사 상태가 변화했을 때의 회계수치 이상을 신속하게 알아차릴 수 있다.

　원래 재무상태표와 손익계산서는 복식부기의 결과를 2개로 나누었을 뿐이므로 연결되어 있는 것이 당연하다. 현금흐름표도 1년간의 입출금, 즉 재무상태표의 자산·부채·자본, 손익계산서의 수익·비용의 증감을 받고 나서 기말의 현금예금 잔고가 될 것을 나타내고 있

도표 10 재무상태표와 손익계산서의 연결 관계

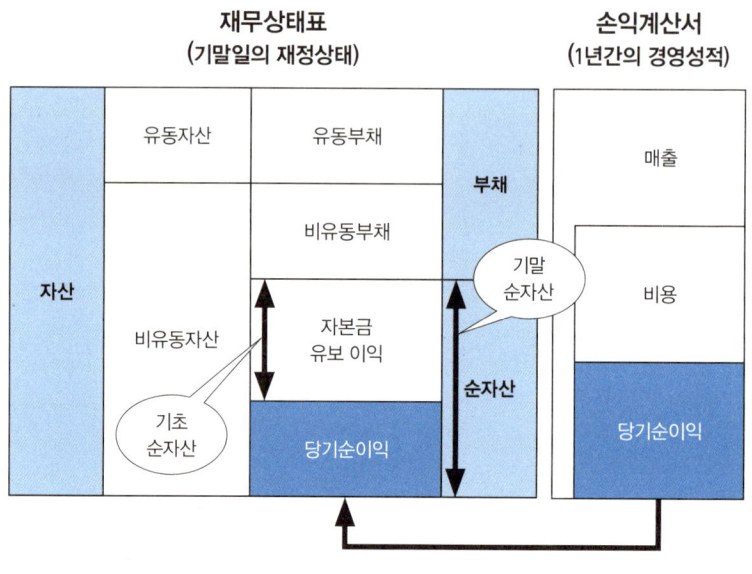

으므로 재무상태표, 손익계산서와 연결되어 있다.

위의 도표를 보면서 다음 설명을 읽어보자.

먼저 간단한 것부터 살펴보자. 도표 10의 재무상태표에서 오른쪽 아래에 있는 순자산을 보자.

자본금과 유보 이익까지의 부분이 '기초 순자산'인데 1년이 지나 손익계산서에서 당기순이익이 추가되어 '기말 순자산'이 된 모습이다. 이처럼 회사가 1년간 창출한 이익은 이익잉여금이 되어 재무상태표의 순자산에 축적된다.

또 유보이익은 과거 이익이 누적되어 내부에 축적된 것으로 이익잉여금이라고도 한다.

3가지 재무제표는 여기서 연결된다

이제 도표 11을 바탕으로 재무상태표, 손익계산서, 현금흐름표의 연결 관계를 설명하겠다.

회사를 설립했을 때는 돈이 필요하므로 ① 자본금을 조달하여 그 이후는 은행 등에서 차입하거나(부채), 창출한 이익에서 자금을 꺼내 ② 투자 및 운용한다. 투자한다는 것은 공장을 짓거나 새로운 기계를 구입하는 설비투자 등 주로 재무상태표 상 자산에 돈을 사용한다는 의미이다. 운용은 사업에 돈을 쓴다는 의미다.

투자 및 운용을 통해 손익계산서 상에서 ③ 매출을 올리고 ④ 이익을 낸다. 그 이익은 1년간 재무상태표의 순자산에 이익잉여금이라는 형태로 비축된다. 한편 매출을 올린 뒤 회수된 현금흐름표의 현금 수입은 현금 지출을 차감한 수지 차액으로 남으며, 기초 현금예금에 더해져 ⑤ 당기말 현금예금 잔고가 된다. 이 예금현금흐름표의 현금예금 잔고는 재무상태표의 현금예금과 일치한다.

이로써 3가지 재무제표의 연결 관계를 이해했을 것이다.

도표 11 3가지 재무제표는 여기서 연결된다

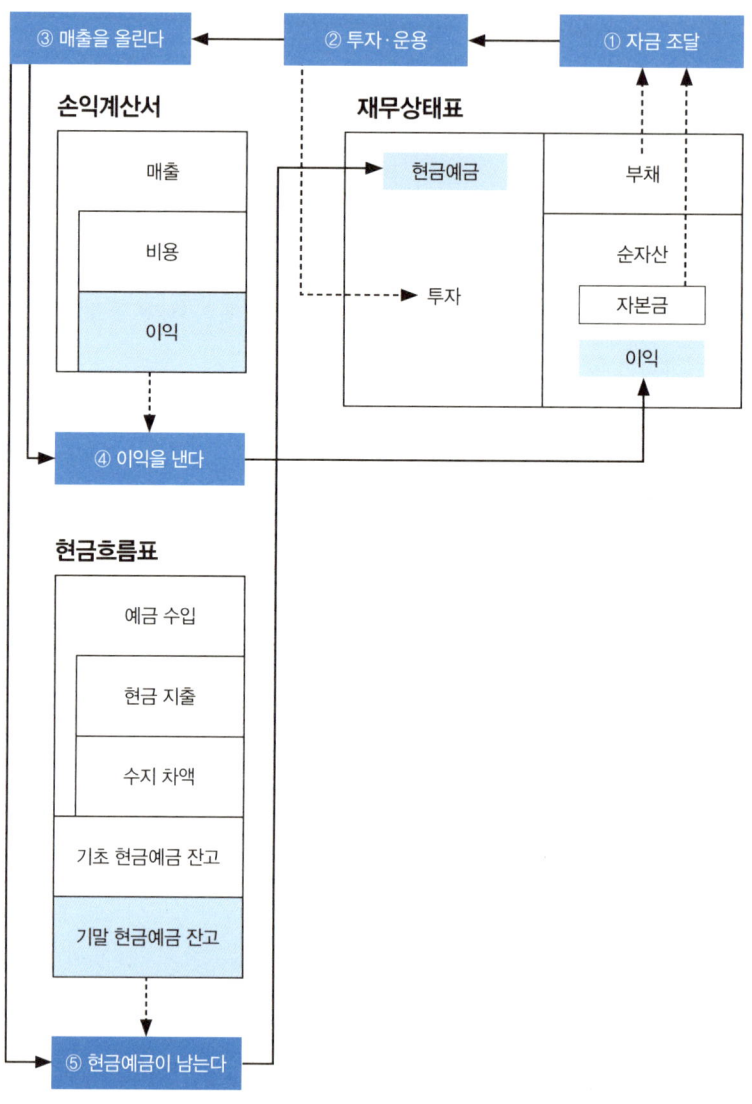

※ 현금예금은 앞서 말한 현금(현금 및 현금성자산)과 거의 같은 의미이다.

회사의 건강 상태를
어떻게 확인할까?

5가지 방법으로 진단하자

우리 회사의 현재 경영 상태는 괜찮을까? 혹시 약점이 있다면 어떤 방법을 취해야 할까? 경영자가 아니라도 성실한 비즈니스맨이라면 평소에 이 점을 항상 염두에 두어야 한다.

그러한 고민을 해소하기 위해서도 회사의 건강 진단을 해야 한다.

이때 경영 분석 지표를 이용하는 경우가 많은데 사실 그것만으로는 정확한 판단을 하기 어렵다. 회사의 건강 상태를 파악하려면 좀 더 다양한 관점에서 분석해야 하기 때문이다.

먼저 다음 5가지 관점에서 경영 상태를 살펴볼 것을 권한다.

① 3가지 재무제표의 추이를 확인한다

다음 쪽의 도표 12처럼 3년분의 재무상태표, 손익계산서, 현금흐름표를 나열해보자. 예를 들어 2013년 12월 말에서 2015년 12월 말의 재무제표를 준비하여 왼쪽 1열째에는 2013년도의 재무상태표, 손익계산서, 현금흐름표의 각 과목 금액을 기입한다. 2열째에는 2014년도, 3열째에는 2015년도 12월 말의 금액을 같은 방식으로 기입한다.

각 과목 옆에 금액이 3개씩 기입되므로 찬찬히 살펴보면 매년 일어난 변화(증감)를 알 수 있다. 왜 그렇게 변했는지, 어떤 원인으로 매출이 늘었고 원가가 증가했는지, 판관비는 왜 이렇게 늘어났는지 등 여러 가지 의문이 솟아날 것이다.

또 각 금액의 오른쪽에 구성비, 증감액, 증감비를 기록해두면 원래 수치만 보았을 때보다 흥미로운 결과를 알 수 있다.

구성비는 재무상태표에서는 총자산을 100으로 했을 때, 손익계산서에서는 매출액을 100으로 했을 때의 각 과목의 비율을 기입한다. 증감액은 당기 금액에서 전기 금액을 뺀 것이다. 증감비는 증감액을 전기 금액으로 나누어 산출한다. 이 3가지 변화에 주목해야 한다.

3년간의 큰 흐름을 보려면 재무상태표의 자산 총계의 증감, 손익계산서의 매출액과 영업이익의 증감, 현금흐름표의 현금예금 잔고의 증감에 주목하자. 자산 총계가 3년간 크게 늘었는데 매출이나 이익은 별로 늘지 않았다면 차입금이나 공장설비, 투자유가증권만 증가하고 매출과 이익을 늘리는 데 기여하지 못했을지도 모른다. 반대로

도표 12 3가지 재무제표의 추이를 확인한다(2013~2015년)

(천 엔)

재무상태표	2013년도	2014년도	구성비	2015년도	구성비	증감액	증감비
현금예금	44,610	47,938	15%	59,088	17%	11,150	23%
유동자산 합계	180,600	185,600	58%	204,300	60%	18,700	10%
건물	18,500	17,050	5%	15,550	5%	-1,500	-9%
비유동자산 합계	135,600	133,800	42%	135,300	40%	1,500	1%
자산 총계	316,200	319,400	100%	339,600	100%	20,200	6%
매입채무	38,000	39,100	12%	41,090	12%	1,990	5%
유동부채 합계	118,600	119,650	37%	121,630	36%	1,980	2%
장기차입금	46,500	46,200	14%	43,500	13%	-2,700	-6%
비유동부채 합계	87,560	76,350	24%	76,800	23%	450	1%
자본금	9,500	9,500	3%	9,500	3%	0	0%
순자산 합계	110,040	123,400	39%	141,170	42%	17,770	14%
부채/자본 총계	316,200	319,400	100%	339,600	100%	20,200	6%

손익계산서	2013년도	2014년도	구성비	2015년도	구성비	증감액	증감비
매출액	420,000	465,100	100%	512,200	100%	47,100	10%
매출원가	294,000	334,800	72%	363,600	71%	28,800	9%
매출총이익	126,000	130,300	28%	148,600	29%	18,300	14%
판관비	100,750	112,830	24%	116,890	23%	4,060	4%
영업이익	25,250	17,470	4%	31,710	6%	14,240	82%
경상이익	24,000	16,200	3%	30,680	6%	14,480	89%
법인세 차감전 순이익	22,000	18,200	4%	29,000	6%	10,800	59%
법인세 등	8,140	6,800	1%	10,730	2%	3,930	58%
당기순이익	13,860	11,400	2%	18,270	4%	6,870	60%

현금흐름표	2013년도	2014년도		2015년도		증감액	증감비
기초 현금예금 잔고	36,500	44,610		47,938		3,328	7%
당기순이익	22,000	18,200		29,000		10,800	59%
영업활동 현금흐름	7,230	2,918		12,700		9,782	335%
설비투자액	-6,620	-1,250		-1,800		-550	44%
투자활동 현금흐름	-9,320	-1,090		-1,550		-460	42%
장·단기차입금 증감	10,500	2,000		500		-1,500	-75%
재무활동 현금흐름	10,200	1,500		0		-1,500	-100%
현금예금의 증감액	8,110	3,328		11,150		7,822	235%
기말 현금예금 잔고	44,610	47,938		59,088		11,150	23%

※ 지면상의 관계로 ① 소과목을 생략하고 ② 2013년의 구성비, 2014년의 증감액, 증감비와 현금흐름표의 세부 항목을 생략했다.

총자산이 별로 변함이 없는데 매출과 이익이 크게 늘었다면 경영을 효율적으로 하고 있다는 증거다.

② 예산과 실적을 비교한다
손익계산서에서는 예산(목표)과 실적을 비교한다. 실적이 예산보다 낮다면 그 이유를 정확하게 조사하여 기록해야 한다. 매출액, 매출원가, 판관비의 차액은 특히 중요하다. 예를 들어 매출액이 예산보다 높지만 매출원가가 크게 늘어나 매출총이익이 감소한 경우는 주의해야 한다.

예산관리를 시작한 지 얼마 안 되었다면 예산을 세우는 법이 익숙하지 않아서 차액이 발생할 수도 있다는 점을 염두에 두고 작성하자.

③ 거점별, 상품별 등으로 분류한다
또한 손익계산서는 거점별(지사·지점·사업소별), 상품별, 고객별, 사업부별로 분류하는 식으로 여러 각도에서 분석해야 한다. 이런 분석을 통해 구체적인 전략을 세울 수 있다. 예를 들어 '20대 여성을 대상으로 한 D상품은 매출 신장률이 높으니 차기에는 상품 라인업을 늘리고 인터넷 광고를 통해 판로를 넓히자'라는 식이다.

이 분석은 손익계산서의 전 과목에 대해 모든 관점에서 (상품별과 사업부별이 같다면 3가지 관점에서) 동시에 해야만 의미가 있다.

부록에 '사업부별 손익표'를 작성하는 법이 나오니 참고하기 바란다.

④ 직원 일인당 재무제표를 만든다

　재무제표 수치를 직원 일인당 수치로 환산한다. 구체적으로 와 닿는 수치로 바꾸어 생각해보자는 말이다.

　이렇게 환산하면 장단점이 눈에 확 들어온다. 재무상태표와 손익계산서의 모든 과목을 직원 수로 나누면 일인당 재무상태표와 손익계산서가 완성되므로 그 수치를 평가해보자. 특히 일인당 손익계산서를 보면 '내가 매출에 공헌하고 있는 정도는 이만큼인가?', '매출과 이익이 이렇게 적어도 괜찮을까?' 등 여러 생각이 떠오를 것이다.

⑤ 경영분석 지표를 이용한다

　다음 항목으로 설명하는 경영분석 지표를 근거로 업계 평균치나 경쟁사의 수치와 비교한다. 그리고 왜 이 수치는 업계 평균보다 높은지, 왜 우리 회사의 수치는 경쟁사보다 낮은지 그 이유를 조사한다. 연말 본결산뿐 아니라 월 결산에서도 실시하도록 하자.

　이 5가지 관점에서 확인한 결과를 바탕으로 어떤 평가를 하게 될까? '기존 3부문은 이 체제를 유지하고 신규 D부문은 영업사원을 10명 정도 충당하면 차기 성장성이 20% 이상 상승하고 재무 안정성도 높아질 것' 등 종합적인 평가를 할 수 있어서 마음이 놓일 것이다.

　물론 종합 평가에 그치지 않고 그 결과를 놓고 현 상황을 어떻게 바꿀지 검토해야 한다. '안심'이 종종 '태만'으로 이어진다는 것이 비즈니스의 무서운 점이다.

경영분석지표로
회사 상태를 확인한다

꼭 기억해야 하는 12가지 지표

앞의 ⑤에서 설명했듯이 회사의 건강 상태를 확인하는 방법으로 주로 경영 분석 지표를 이용한다. 이것은 재무상태표나 손익계산서 등에서 특정 과목을 뽑아내어 그 비율과 신장률을 계산함으로써 회사의 안정성, 수익성, 효율성, 성장성을 평가하는 방법이다. 업계 평균치나 경쟁사의 수치와 비교하면 자사 상황을 객관적으로 파악할 수 있다.

꼭 기억해야 할 12가지 지표는 다음과 같다.

① 유동비율(%)

유동자산÷유동부채×100

단기적 지급 능력을 보기 위한 지표다. 1년 이내에 현금화할 수 있는 유동자산을 1년 이내에 전부 지급해야 하는 유동부채로 나눈 수치다. 이 수치가 100% 이하면 흑자임에도 수중에 현금이 부족해 매입 대금 등을 지급할 수 없는 상태라는 뜻이다. 반대로 200% 이상이면 안정성이 높다는 말이다. 이 지표의 기준은 140% 이상이다.

② 비유동장기적합률

비유동자산÷(비유동부채+자기자본)×100

장기적 지급 능력을 보기 위한 지표다. 장기에 걸쳐 쓰이는 비유동자산을 상환할 필요가 없는 자기자본으로 해결하고 있는 회사는 안전성이 높다고 할 수 있다. 적어도 이 공식처럼 자기자본에 상환기한이 1년 이상인 비유동부채(장기차입금, 사채 등)를 더한 금액의 범위 내에서 운용하는 것이 바람직하다. 기준은 100% 이하다.

③ 매출채권 회전기간(개월)

(외상매출금+받을어음)÷월 평균매출액

매출채권(외상매출금+받을어음)의 회수효율을 보는 지표이며 남아있는 채권이 매출액의 몇 개월분인지 나타낸다. 매출채권은 되도록 빨리 회수하는 것이 바람직하므로 채권마다 '몇 개월간 현금화되지 않고 미회수 상태로 남아 있는지' 조사하여 장기 체류하지 않도록 관리하자. 회수 조건보다 늦어졌다면 판매 중단도 고려해봐야 한다. 이 공식은 매월 월 결산 시 반드시 확인해야 하며 기준은 3개월 이내이다.

④ 재고회전기간(개월)

재고자산÷월 평균매출액

적정 재고량을 판단하는 지표이며 재고자산(재고)이 매출액의 몇 개월분 남아있는지 나타낸다. 제조업체에서는 분모에 매출액이 아니라 매출원가를 쓰기도 한다. 재고가 많을수록 돈이 잠자고 있는 셈이므로 비효율적이다. 가능한 한 무재고 물류를 실현하는 것이 바람직하고 기준은 0.5~1개월 이내이다.

⑤ 총자본이익률

당기순이익÷총자본(총자산)×100

사업에 투입한 총자본(총자산)이 이익을 창출하는 데 효율적으로 쓰였는지 나타내는 지표다. 차입금 등의 부채도 포함한 모든 자산을 투입하여 세후에 얼마나 이익을 냈는지 나타낸다. 수치가 너무 낮으면 차라리 사업을 접고 고금리 유가증권 등에 투자하는 편이 낫다(물론 현실에서는 그렇게 일이 술술 풀리지 않는다). 총자산이익률, ROA Return On Assets 라고도 불리며 기준은 1% 이상이다.

⑥ 매출액 경상이익률(%)

경상이익÷매출액×100

사업 수익성을 파악하는 지표이며 회사의 통상적 사업 활동(금융수지도 포함함)에서 창출한 이익률이다. 원가율을 재고하거나 생산 단가 낮추기, 매출액 판관비율 개선, 금융수지 개선 등을 통해 이 비율을 높일 수 있다. 매출뿐 아니라 이익률도 중시하자. 기준은 3% 이상이다.

⑦ 자기자본비율(%)

자기자본(순자산)÷총자본(총자산)×100

총자산 중에서 주주로부터의 출자(자본금)와 축적된 이익(유보이익)을 합친 자기자본(순자산)이 차지하는 비율을 말한다. 순자산비율, 또는 BIS 비율이라고도 한다. 지급이자는 지불해야 하지만 배당금 지급은 기업의 자유다. 기준은 30% 이상이다.

⑧ 총자본회전율(회)

매출액÷총자본(총자산)

기업이 소유한 자산(총자본)을 얼마나 효과적으로 이용하고 있는지 측정하는 지표로 총자산회전율이라고도 한다. 적은 총자본(총자산)으로 많은 매출액을 벌어들일수록 효율적이다. 이 비율이 높고 회전율이 높을수록 총자본 효율이 좋다. 이 수치는 비유동자산 보유량과 업종에 따라 크게 차이가 난다. 기준은 1.2회전 이상이다.

⑨ 매출액 신장률(%)

(당기매출액-전기매출액)÷전기매출액×100

기업 성장성을 판단하는 지표로 이 비율이 높을수록 성장성이 높다고 할 수 있다. 앞으로도 성장할 기업을 가려내기는 어렵지만 매출액 신장률이 3년 이상 10% 이상인 기업은 지속적으로 성장하는 기업이라고 볼 수 있다. 그러나 총자산이 동시에 증가하는 것은 위험한 징후다. 이럴 경우 총자산 신장률을 매출액 신장률 이하로 떨어뜨려야 하며 기준은 10% 이상이다.

⑩ 경상이익 신장률(%)

(당기경상이익-전기경상이익)÷전기경상이익×100

이 경상이익 신장률은 매출액 신장률과 함께 사업 성장성과 수익성을 측정하는 중요한 판단자료다. 기본적인 손익구조 내에서 얼마나 매출액 경상이익률을 높일 수 있느냐가 관건이다. 기준은 10% 이상이다.

⑪ 주당 순이익 EPS(엔)

당기순이익÷발행주식 수

투자자의 핵심 판단 자료가 되는 지표다. 발행주식 총수로 법인세 차감후 당기순이익을 나누면 얼마인지를 나타낸다. 발행주식 수에 따라 차이가 있으므로 딱 부러지게 기준을 말하기는 어렵지만 100엔~수백엔 이상이 적절한 기준이라 할 수 있다. 상장회사에서는 주가가 이 금액에 비해 어느 정도 높은지(몇 배인지) 나타내는 지표 PER가 그 기업에 주식 투자를 할지에 관한 판단 자료가 된다.

⑫ 주당 순자산BPS(엔)

순자산÷발행주식 수

이것도 투자를 할 때 주의 깊게 봐야 하는 지표다. 기업이 사업을 모두 중단하고 청산할 경우 기업의 자산을 주주들에게 나눠준다고 가정하면 1주당 얼마를 줄 수 있는지 나타낸다. 자신이 출자한 금액과 비교하면 손익이 분명하게 드러나기 때문이다. 기준인 250엔은 발행가액(현재 주식의 액면가액이 아니다) 50엔의 5배다. 이것도 발행주식 수에 따라 차이가 나므로 뚜렷한 기준을 제시하기는 어렵다.

여기서는 소개하지 않았지만 최근 자기자본이익률ROE 향상을 목표로 하는 상장기업이 늘어났다. 특히 해외투자자가 이러한 요청을 하는 경우가 많은데 미국의 의결권 조언기업이 '과거 5년간의 평균 ROE가 5% 미만인 기업은 최고경영자 선임의안에 반대하도록 주주에게 권한다'라는 의견을 제시한 것이 영향을 끼쳤다.

ROE는 Return On Equity의 약어로 당기순이익을 자기자본(순자산)으로 나누어 산출한다. 주주 보유분인 자기자본을 이용하여 얼마나 이익을 냈는지 측정하는 지표다.

일본의 상장기업 경영자는 지금까지 ROE가 낮은 것(과거 20년간 평균 5% 정도)을 대수롭지 않게 여겨왔다가 이제야 ROE 향상에 힘쓰기 시작한 듯하다. 세계 표준은 ROE 10% 이상이라고 하므로 손익구조를 개혁하여 이익을 높여야 한다.

원래 중소기업은 상장기업보다 자기자본이 적기 때문에 ROE가 높게 산출된다. 그러므로 KPI Key Performance Indicator(핵심성과지표)로서는 제대로 기능하지 못한다. 물론 일반지식으로써 알아두면 좋긴 하다.

제2장

회사가 생존하기 위해 가장 중요한 것은 현금흐름이다

지금 바로
회계에
눈을 떠라

이익과 현금은
어떻게 다를까?

'이익 = 현금'이 아닌 이유

비즈니스가 순조롭게 진행되어 이익이 발생하기 시작하면 경영자는 설비투자나 매입 증대 등 다양한 시도를 통해 이익을 더 늘리려고 한다.

그때 필요한 것이 현금이다. 물론 이익이 늘어난 만큼 현금도 늘어났다면 그 돈을 사용하면 된다. 그런데 이익을 내는 것과 현금(예금 포함)이 쌓이는 것은 동의어일까?

결론부터 말하면 전혀 다르다. 오히려 '이익 = 현금'인 경우가 별로 없다. 이익과 현금이 왜 전혀 다른지 몇 가지 예를 들어 살펴보자.

① 이익 > 현금

상품이 판매되어 이익이 발생했지만 외상 판매이기 때문에 그 외상매출금이 회수될 때까지는 현금이 들어오지 않아 이익보다 현금이 일시적으로 적다.

② 이익 < 현금

어음으로 매입한 상품을 현금을 받고 판매하면 어음 만기일자가 도래할 때까지는 현금이 출금되지 않으므로 이익보다 현금이 일시적으로 많다.

③ 이익 감소 ≠ 현금 감소

아직 이익이 발생하지 않았지만 매출을 지속적으로 내기 위하여 상품을 미리 매입해놓거나 만드는 데 돈을 쓴다. 또 임차료는 일반적으로 미리 지급한다. 사람을 채용하거나 시험연구나 상품개발을 위해 돈을 쓰는 것도 선행투자다. 신규 사업에 진출하기 위해 기업을 매수하는 경우에도 돈은 줄어들지만 이익은 줄어들지 않는다.

④ 이익 증가 ≠ 현금 증가

이익이 발생하지 않아도 은행에서 운전자금을 차입하거나 증자(출자를 받아 자본금을 늘린다)를 하여 현금이 증가하는 경우도 있다.

⑤ 내용연수에 따른 이익 감소 ≠ 초년도만의 현금 감소

설비투자(기계를 구매하거나 공장을 세우는 등)를 하면 돈을 사용한 해에 그 금액을 한꺼번에 비용으로 처리하지 않고 그 기계나 공장을 몇 년간 사용할 수 있을지 정하는 내용연수를 정하여 그 기간 동안 비용을 배분한다. 매출을 올리기 위해 몇 년씩 사용할 수 있는 자산(유형자산)은 각 연도의 매출에 대응하여 비용화하지 않으면 사실을 반영하지 못하기 때문이다. 이것을 감가상각이라고 하며 각 연도에 배분된 비용을 감가상각비라고 한다.

자산의 가치는 매년 줄어들기 때문에 이 가치를 어떤 식으로 감가할 것인지 상정하여 계산한다. 여기서는 감가상각의 상세한 방법은 생략하고 기본 개념만 알아보자.

지금 내용연수 10년인 기계를 100만 엔에 구매했다고 하면 구매한 연도에는 감가상각비 10만 엔(100만 엔을 10년으로 나눈 금액)만 계상된다. 즉 이익은 10만 엔만 감소하지만 현금은 100만 엔 전부 감소한다. 그 이후 9년간 감가상각비 10만 엔이 매년 계상되는데 현금은 감소하지 않는다.

2가지 식을 동시에 생각하자

앞서 이야기한 5가지 예는 '손익'과 '현금흐름 Cash Flow'이 다르다는

말과 같은 뜻이다. 손익은 매출액에서 매출원가, 판관비, 기타손익(영업외손익 및 특별손익)을 차감한 결과다. C/F(현금흐름)는 현금의 입출금 결과다. 이를 단순화하면 다음과 같은 식으로 나타낼 수 있다.

[손익] 매출액 − 매출원가 − 판관비 ± 기타손익 = 이익
　　≠
[C/F] 현금 수입 − 현금 지출 = 현금(잔고)

이익과 현금은 다르고 손익과 C/F도 다르다. 그렇기 때문에 2가지 식을 동시에 생각하며 경영하는 것이 가장 중요하다.

얼마나 많은 매출액을 올리고 얼마나 적은 매출원가와 판관비를 들여서 얼마나 많은 이익을 내는가. 얼마나 많은 현금을 신속하게 획득하고(수입) 얼마나 적은 현금을 나중에 지출하여 얼마나 많은 현금을 비축할 수 있는가. 이 2가지 점을 동시에 생각하면서 행동해야 한다.

사업이 잘될수록
운전자금이 부족해진다고?

장사가 잘되는데 돈이 부족한 이유는?

　기업을 설립하여 사업이 궤도에 오르면 일단은 수중에 있는 자금으로 회사를 운영한다. 그런데 사업이 너무 잘되면 사업 자체에 제동이 걸린다. 이것은 상품을 매입해서 판매하는 경우를 생각해보면 쉽게 이해할 수 있다.

　D씨는 잡화점을 열었다. 처음에는 상품이 월 5~6개밖에 팔리지 않았지만 입소문과 전단지 광고, SNS 등의 효과를 입어 이달에는 30개 이상 팔릴 것이라고 예상했다.

　다음달에는 50개 이상 팔릴 가능성이 컸다. 그러면 다다음달 중

순에 모든 재고가 소진되므로 D씨는 당장 매입처에 전화를 걸어 100개를 주문하려 했다.

그런데 매입처는 '댁의 회사와는 거래를 시작한 지 얼마 안 되어서 신용도가 높지 않다. 그러니 선입금이 가능하다면 납품하겠다'라고 했다. D씨는 말문이 막혀 '생각해보겠다'라고만 하고 전화를 끊을 수밖에 없었다.

이번 달 말까지 상품이 30개 이상 팔릴 것 같긴 하다. 하지만 상품대금이 전부 현금으로 입금된다 해도 여기저기 돈을 지급하느라 곧 없어질 것이다. 돈을 긁어모으면 40개 정도는 매입할 수 있을 것 같다. 매출이 오르는 기세를 꺾고 싶진 않지만 D씨는 할 수 없이 '40개분만 지급할 테니 납품해주세요. 자금 사정이 좋아지면 그때 추가 주문하겠습니다'라고 전화했다.

이처럼 사업이 잘될수록 자금은 부족해지기 마련이다.

다음은 다른 이야기다.

E씨는 반은 자기자금, 나머지 반은 은행 차입금으로 500만 엔을 마련해 가게를 차렸다. 그 뒤 조금씩 상환하고 있는데 추가로 대출을 받을까 해서 은행에 상담을 하러 갔다.

은행을 방문한 E씨는 대출 담당자에게 '운전자금과 설비자금 중 무엇인가요? 어떤 용도로 얼마나 필요하신가요?'라는 질문을 받고 무슨 말인지 몰라 당황했다고 한다. 설비자금은 설비를 구매하는 자금이겠지만 운전자금은 대체 뭘까?

운전자금이란 '매출채권 + 재고 – 매입채무'에 대응하는 금액이며 사업 활동을 계속하기 위한 자본을 의미한다. 사업을 계속하는 것을 자동차나 기계를 '운전'하는 상태에 비유한 말이다.

이것을 재무제표상의 과목으로 설명하겠다.

매출채권은 '외상매출금 + 받을어음'을 말하며 상품을 외상으로 판매한 뒤에 대금을 받을 권리(채권)를 가리킨다. 신용카드로 판매(결제)하여 미회수된 돈과 쇼핑몰 등에 입점하여 매출금을 일단 맡겨둔 금액인 '미수금'으로 처리할 때는 그것도 매출채권이 된다.

재고는 '상품, 재공품, 원재료, 저장품' 등 판매할 예정인 상품이나 그것을 완성하는 과정에 있는 재고자산을 말한다.

매입채무는 '외상매입금 + 지급어음'을 말하며 재고를 외상으로 매입한 뒤 대금을 지급할 의무(채무)를 가리킨다. 원재료나 상품 구입만을 외상매입금으로 처리하고 그 이외의 일상소모품 구매는 '미지급금', 다음 달에 지급되는 인건비, 외주비를 '미지급비용'으로 처리하는 경우에는 이것도 전부 매입채무에 포함된다.

알기 쉽게 말하자면 '운전자금은 가까운 미래에 들어올 돈에서 가까운 미래에 나갈 돈을 차감한 돈'이다. 월 재무제표에서 지금 나온 각 과목들의 잔고를 뽑아서 계산한다.

요컨대 이 운전자금이 점점 부풀어 오를(플러스) 때 현금 및 현금성자산 잔고로 충당할 수 있으면 좋지만 그렇지 않은 경우, 재고나 경비 지급을 늦게 처리하거나 월말까지 부족한 금액을 빌려오지 않으면 '자금이 부족해지고 이를 방치하면 결국 파산'에 이른다. 운전자금 관리는 그만큼 중요하다.

흑자인데 파산하는 이유

반대로 월말 운전자금을 미리 계산하여 마이너스가 되었다(매출대금을 회수한 뒤에 그 돈의 범위 내에서 매입대금을 지급하므로 운전자금이 필요 없다) 해도 방심하면 안 된다.

외상매출금이 다음 달 말에 입금되면 괜찮지만 2개월 뒤, 또는 3개월 뒤에 입금되는 경우도 있다. 또는 그 기일에 현금이 아닌 어음으로 회수된다면 어음 지급일에 따라서는 현금 입금을 몇 달이나 기다려야 할 수도 있다. 더구나 매입대금 지급 조건이 매 월말 지급인 경우에는 운전자금이 더 증가한다.

즉, 사업이 잘될수록 운전자금은 점점 부풀어 오른다. 이 경향을 알면서도 내버려두면 어떤 시점에서 지급 불능 사태에 빠져 결국 파산이라는 불운을 겪을 것이다.

'흑자인데 이럴 수가… 장사는 잘 되었는데…'라고 후회한들 이미 늦었다. 과거에 흑자 도산한 사례는 얼마든지 찾아볼 수 있다.

이런 사태를 방지하려면 운전자금의 움직임을 주시하여 6개월 뒤까지의 '자금운용 예정표'를 만들어서 관리해야 한다. 이때 경영계획

도표 13 흑자 도산은 '수지는 맞지만 돈이 부족한' 상태!

① 1월 1일(기초) 재무상태표

현금	100	부채	350
유형자산	300	자본	50
합계	400	합계	400

※ 1년간 상품을 80에 매입하여 매입처에 대금을 지급한 뒤 이 상품을 150에 팔았다. 그런데 고객으로부터 대금 지급이 늦어져 다음 연도에 대금을 회수하게 되었다.

② 12월 31일(기말) 재무상태표

현금	20	부채	350
외상매출금	150	자본	50
유형자산	300	이익	70
합계	470	합계	470

※ 이익은 70(매출액 150 - 매입원가 80)이나 생겼지만 현금은 20밖에 없으므로 자금이 바닥난다(흑자 도산).

(예산)과 완전히 연동되는 표를 만들어야만 의미가 있다.

어느 회사의 기초 재무상태표가 도표 13의 ①이라고 하자. 그로부터 1년간 상품을 80에 매입하여 매입 대금 지급도 끝냈고 이 상품을 150에 판매했다고 하자. 다만 대금 회수가 늦어져서 다음 연도에 대금을 회수하게 되었다. 이 상태로 기말을 맞이한다면 이 회사의 재무상태표는 어떻게 될까?

기말 재무상태표는 ②와 같다.

이익은 70(매출액 150 - 매입원가 80)이나 생겼는데 현금이 늘기는커

녕 20으로 줄었다(현금 100 - 매입대금 80). 말 그대로 '수지는 맞는데 돈이 부족한' 상태다. 만약 기말일에 부채 중 차입금 40을 상환해야 한다면 현금이 20밖에 없으므로 완전히 자금이 바닥날 것이다(장부상으로는 흑자인데 현금이 없어서 파산할 것이다).

왜 이렇게 되느냐 하면 회계는 발생주의, 즉 현금 입출금과 상관없이 거래 유무에 따라 기록되기 때문이다. 상품을 팔았다는 사실을 근거로 장부에 기입하므로 이익이 나도(수지가 맞아도) 현금이 부족하다(돈이 부족하다). 이것으로 현금의 움직임이 얼마나 중요한지 잘 알 수 있다.

손익계산서에서 매출과 이익을 확인하는 것만으로는 부족하며 '현금흐름표'나 '자금운용 예정표'를 만들어 관리하는 것이 중요하다. '자금운용 예정표'를 작성하는 법은 부록을 참조하기 바란다.

또 흑자 도산을 피하기 위하여 현금흐름을 어떻게 개선할지는 뒤 (현금흐름 개선책, 108~128쪽)에서 설명하겠다.

현금흐름표(C/F)를 비즈니스에 어떻게 활용할까?

현금흐름표의 기본

제1장에서 이야기했듯이 현금흐름표_{C/F}는 외부감사 대상 기업의 재무제표에는 등장하지만 주로 투자자에게 설명할 목적으로 만들어진 것이므로 비외감기업에서는 별로 쓰이지 않는다.

그런 이유로 나는 향후의 자금운용을 계획할 때는 '자금운용 예정표'를 만들어서 꼼꼼히 검토하고 과거의 기말 재무제표를 설명할 때는 '현금흐름표'를 작성하라고 권한다.

그러면 현금흐름표를 어떻게 활용하면 좋을까?

다시 한 번 설명하자면 현금흐름표_{Cash Flow Statement, C/F}는 1년간의

현금흐름을 영업활동, 투자활동, 재무활동이라는 3가지 영역으로 나누어 표시하고 최종적으로 '현금 및 현금성자산'이 얼마나 늘었는지 (또는 줄었는지) 설명하는 재무제표를 말한다.

'현금 및 현금성자산'은 현금과 현금으로 바꾸기 위한 자금을 가리킨다. 현금, 보통예금, 당좌예금, 통지예금(개인이나 회사가 은행계정에 가지고 있는 현금을 인출할 때 사전통지가 요구되는 예금-옮긴이) 외에 3개월 이내의 정기예금이나 양도성예금 등이 해당된다. 상장주식은 환금하기 쉽지만 가치도 쉽게 변하기 때문에 현금 및 현금성자산에 포함되지 않는다.

현금흐름표는 손익계산서에서 이익과 감가상각비 등을 뽑아내고 재무상태표에서 매출채권과 매입채권 등의 증감액을 뽑아내어 만든다. 회계상의 이익은 현금과 동일하지 않으므로 현금 동향을 정확하게 나타내도록 조정해야 하기 때문이다.

먼저 현금흐름표의 3가지 활동을 설명하겠다. 또 '현금 및 현금성자산'은 길어서 부르기 어려우므로 여기서는 '캐시'라고 부르겠다.

① 영업활동으로 인한 현금흐름(영업 C/F)

영업활동 현금흐름은 영업활동에 따라 발생한 현금 입출을 표시한다. 여기서 말하는 영업활동은 상품 판매라는 좁은 의미가 아니라 회사가 이익을 올리기 위한 모든 사업 활동을 가리킨다.

사업 활동에는 '매출을 올렸지만 외상으로 팔았다'처럼 캐시의 움직임과 관련이 없는 것도 상당수 포함되기 때문에 손익계산서나 재무상태표에 있는 과목들을 이용하여 캐시의 움직임을 바르게 표시하는 방법이 고안되었다. 이 방법으로 작성된 것이 현금흐름표다.

여기서부터는 95쪽의 도표 14에 나오는 영업활동 현금흐름을 함께 보면서 읽기 바란다.

먼저 캐시의 1년간 순증가액과 가장 유사한 '당기순이익'부터 확인한다. 여기에 손익계산서상의 감가상각비를 더한다. 감가상각비는 이익에서 차감된 '현금을 지출하지 않은 비용'이기 때문이다. 이로써 캐시 증가 금액과 약간 비슷해졌다.

다음으로, 매출채권(외상매출금 + 받을어음) 증감액을 조정하면 캐시 입금액과 비슷한 수치가 나온다. 그리고 재고자산과 매입채무(외상매입금 + 지급어음) 증감액을 조정하여 캐시 출금액과 유사한 수치로 조정한다. 마지막으로 세금 납부액을 뺀다.

이 영업활동 현금흐름이 플러스(도표 14에서는 7,445만 엔)면 회사의 사업 활동이 정상적으로 영위되었고 이익과 캐시를 함께 창출하고 있다는 의미다. 반대로 마이너스라면 개선책을 세워서 노력하지 않으면 사업을 지속할 수 없다는 의미다.

② 투자활동으로 인한 현금흐름(투자 C/F)

투자활동 현금흐름은 설비투자나 자금운용에 관련된 현금 입출금을 나타낸다. 회사는 매출을 늘리기 위해 설비투자를 한다. 또는 투자목적으로 부동산을 구입하거나 캐시를 확보하기 위해 부동산을 매각하기도 한다. 이러한 돈의 출입을 나타내는 것이 투자활동 현금흐름이다. 부동산을 매각한 경우를 제외하면 투자활동은 거의 마이너스가 된다.

③ 재무활동으로 인한 현금흐름(재무 C/F)

영업활동과 투자활동으로 인한 현금흐름의 결과에 대처하기 위해 은행에서 추가로 차입을 하거나 차입금이나 리스채무를 상환하거나 또는 주주에게 배당금을 지급하는 것이 재무활동 현금흐름이다. 1년간의 영업활동과 투자활동에 대하여 재무적으로 어떻게 대처했는지 알 수 있다.

실제 현금흐름표를 살펴보자

도표 14는 한 회사의 현금흐름표다. 이 도표를 보며 3가지 현금흐름 내용을 구체적으로 설명하겠다.

이 회사의 당기순이익은 1억 2,085만 엔이다. 여기에 감가상각비(비용이지만 돈이 지출되지 않았으므로) 672만 엔을 더하여 감가상각전 법인세 차감전 순이익(1억 2,757만 엔)을 산출한다. 이것이 영업활동으로 벌어들인 돈에 근접한 금액이다.

도표 14 어느 회사의 현금흐름표

(천 엔)

항목		금액	비고
영업활동으로 인한 현금흐름		74,450	A(①~⑥ 합계)
	당기순이익	120,850	①
	감가상각비	6,720	②
	매출채권 증감액(−는 증가)	−22,480	③
	재고자산 증감액(−는 증가)	29,200	④
	매입채무 증감액(−는 감소)	−6,640	⑤
	법인세 등 납부	−53,200	⑥
투자활동으로 인한 현금흐름		−29,520	B(⑦~⑨ 합계)
	유형자산 취득에 따른 지출	−26,000	⑦
	유형자산 매각에 따른 수입	1,040	⑧
	소프트웨어 취득에 따른 지출	−4,560	⑨
재무활동으로 인한 현금흐름		−19,640	C(⑩~⑬ 합계)
	단기차입금 증감액(−는 감소)	−1,200	⑩
	장기차입금 증감액(−는 감소)	−2,320	⑪
	배당금 지급액	−13,480	⑫
	리스채무 상환에 따른 지출	−2,640	⑬
캐시에 관련된 환산 차액		3,200	D
캐시 증감액		28,490	E(A~D 합계)
캐시 기초 잔고		251,200	⑭
캐시 기말 잔고		279,690	E + ⑭

※ 1. 이 책에서는 '현금 및 현금성자산'을 캐시라고 부른다.
※ 2. 잉여현금흐름(free cash flow, FCF)은 44,930천 엔(A + B)이다.
※ 3. 세부 과목은 생략했다.

그리고 운전자금 증감과 세금 등의 지급액을 차감한다. 운전자금은 ③에서 ⑤까지의 합계이므로 거의 0이다. 여기에 법인세 등 납부액이 5,320만 엔이므로 영업활동 현금흐름은 플러스 7,445만 엔이 되었다. 영업활동으로 벌어들인 돈이 7,445만 엔 남았다는 의미다. 이 부분이 마이너스라면 '사업을 계속해도 괜찮을까?'라는 의문을 가져야 한다.

다음으로 유형자산 취득에 2,600만 엔을 썼고 유형자산 매각으로 104만 엔 수입이 발생했으며 소프트웨어 취득에 456만 엔을 썼으므로 투자활동 현금흐름은 마이너스 2,952만 엔이 되었다.

투자활동 현금흐름은 본래 현금 지출만 있는 항목이므로 마이너스가 되는 것이 보통이다. 이 부분이 플러스라면 불필요한 유형자산을 매각하여 수입을 얻은 금액이 설비투자 금액보다 크다는 말이 된다. 그러면 '왜 유형자산을 팔았을까? 은행이 대출을 해주지 않아 재무적으로 곤란한 상황인가'라는 식의 의문이 생긴다.

이어서 단기차입금 상환으로 120만 엔, 장기차입금 상환으로 232만 엔, 배당금 지급으로 1,348만 엔, 리스채무 상환으로 264만 엔을 썼으므로 재무활동 현금활동은 마이너스 1,964만 엔이 되었다.

이 회사는 자금에 여유가 있어서인지 재무활동 현금흐름이 마이너스가 되었다. 그러나 영업활동 현금흐름의 플러스 금액으로 투자활동 현금흐름의 마이너스 금액을 충당할 수 없는 상황이라면 회계 담당자는 통상적으로 차입금을 늘리거나 증자에 의존하여 재무활동 현금흐름을 플러스로 만들어 캐시 증감액을 최소한 0으로 조정해야 한다.

이 회사의 경우 3가지 구분 외에 캐시에 포함된 외화 자산 환산 차액이 320만 엔 있다. 이것을 3가지 현금흐름에 더하자 캐시는 플러스 2,849만 엔이 되었다. 캐시 기초 잔고 2억 5,120만 엔에 이 증가액을 더하자 캐시 기말 잔고는 2억 7,969만 엔이 되었다.

이런 식으로 1년간의 현금 동향을 명확히 설명할 수 있는 것이 현금흐름표의 장점이다.

잉여현금흐름은 회사가 자유롭게 쓸 수 있는 돈

그런데 도표 14의 ※ 2에도 나오듯이 현금흐름표 중에서도 특히 중요한 지표가 있다. 바로 '잉여현금흐름$_{FCF}$'이라는 지표이며 영업활동 현금흐름과 투자활동 현금흐름을 합산하여 구한다. 앞서 말했듯이 투자활동 현금흐름의 주된 활동은 설비투자이므로 보통 마이너스가 된다. 따라서 회사가 영업활동으로 벌어들인 돈에서 투자활동 현금흐름을 차감하면 잉여현금흐름$_{FCF}$이 산출된다.

FCF는 회사가 자유롭게 쓸 수 있는 돈이다. 이 돈이 있어야 비로소 차입금을 상환하거나 캐시를 늘릴 수 있으므로 FCF가 많을수록 경영 상태가 좋다고 할 수 있다. 도표 14의 FCF는 4,493만 엔이므로 장·단기차입금을 각각 120만 엔과 232만 엔 상환하고 배당금을 1,348만 엔, 리스채무를 264만 엔 지급해도 2,500만 엔 정도 여유가 있으므로 캐시 잔고를 늘릴 수 있다.

반대로 FCF가 0이나 마이너스라면 금융기관에서 추가 대출을 받거나 유형자산을 매각하거나 증자를 하는 등 방법을 강구해야 한다. 그 경우 평소에 영업활동 현금흐름을 늘리도록 노력하거나 투자활동 현금흐름을 영업활동 현금흐름 이내로 억제하는 방법을 모색해야 한다.

다만 적절한 시점에 효과적인 설비투자를 했을 경우에는 이야기가 다르다. FCF가 일시적으로 마이너스가 되어도 다음 해 이후에 매출 확대와 경비 삭감 효과가 나타나 FCF가 플러스로 전환될 것이기 때문이다. 그러므로 현금흐름표는 단년도만 보지 말고 3~4년분을 작성하여 비교하는 것이 좋다.

'자금운용 예정표'로 자금운용에 대한 불안을 해소하라

돈의 '앞처리'를 하자

비즈니스의 기본 전략 중 'PDCA 사이클'이라는 것이 있다.

PDCA란 계획을 세우고Plan, 행동하고Do, 계획치와 실적치의 차이를 검증하고Check, 개선하며 행동하는Act 일련의 업무 사이클이다. 계획을 세우지 않고 실행할 경우 비즈니스를 하다 보면 예상치 못한 일이 일어나 당황하기 때문이다.

계획을 세울 때는 여러 가지 상황을 상정해야 한다. 이런 일이 일어나면 이렇게 하고 저런 일이 일어나면 저렇게 한다는 식으로 여러 경우의 수를 생각하며 적어 내려간다. 실제로 기업 활동에서는 그때마다 돈이 움직인다.

어떤 일이 실패하면 그 일의 '뒷처리'를 해야 하는데 그러려면 상당한 시간과 돈이 든다. 때문에 실패하지 않도록 미리 계획을 세워 충분히 준비하는 것이 중요하다. 유니클로는 이것을 '앞처리'라고 부른다. 앞처리는 뒤처리만큼 시간과 돈이 들지 않는다. 또한 돈의 앞처리를 하는 것은 익월 이후의 현금흐름 예측(계획)을 한다는 의미다.

향후 현금흐름의 동향을 예상하여 '예정 현금흐름표'를 만들어도 되겠지만 현금흐름표는 재무상태표의 과목을 뽑아내어 만들기 때문에 보통 1년 단위로 작성된다. 그러나 1년 단위가 아닌 월 단위로 돈의 움직임을 예측하여 현금이 부족할 것 같으면 은행에서 차입하거나 쓸데없는 지출을 그만두거나 매입을 줄이는 등 어떤 대책을 실행해야 한다. 그러기 위해서는 매월 말에 다음 달 이후의 현금 입금과 출금을 예측하여 작성하는 '자금운용 예정표'가 가장 적합하다.

'자금운용 예정표'는 자금운용 목록표다

자금운용 예정표는 돈의 움직임을 경상수지와 재무수지, 이렇게 2가지로 나누어 손익계산서의 각 과목 수치를 근거로 자금의 움직임을 예측하여 만든다. 부록에 자금운용 예정표를 작성하는 법이 구체적으로 나오므로 참조하기 바란다.

먼저 경상수지는 경상수입에서 경상지출을 차감하여 산출한다.

경상수입은 통상적 사업 활동에서 얻는 현금 수입을 말하며 현금 매출, 외상매출금 회수, 받을어음 입금, 기타 현금 수입이 해당된다. 여기서는 월 예상 매출액 중 70%가 현금 매출이고 10%가 외상매출금(다음 달에 현금 회수), 나머지 20%는 3개월 만기 어음으로 회수된다고 가정하고 계산했다. 사실 지급 조건은 회사의 판매 방법이나 회수 조건에 따라 다르다는 점을 유념하자.

경상지출은 통상적 사업 활동을 통해 지급되는 현금 지출을 말하며 현금 매입, 지급어음 결제, 인건비 지급, 외주비와 경비의 현금 지급, 설비투자 현금 지급, 세금 납부액, 지급이자가 이에 해당된다.

부록의 표에 나오는 사례에서는 현금 매입은 매입 예산의 20%, 나머지 80%는 3개월 만기 지급 어음으로 가정했다. 외주비 지급은 전월 외주비 예산액과 같다고 가정한다. 그 후에는 동일한 방식으로 손익 예산에서 자금 동향을 예측하면 된다.

이렇게 하여 경상수입과 경상지출을 추려내면 '경상수입 – 경상지출 = 경상수지'를 알 수 있다.

한편 재무수지에서는 경상수지에 대하여 재무적으로 어떻게 대처할 것인지를 검토한다. 경상수지가 마이너스여서 자금이 부족하다면 은행에서 몇 월에 얼마를 대출해야 할지 증자나 사채를 발행해야 할지를 검토하여 재무 수입을 기입한다. 반대로 경상수지가 플러스라면 차입금을 예정보다 빨리 상환할 수도 있으므로 통상적 상환 예정액에 따라 재무지출을 기입한다.

매월 경상수지를 예측하여 살펴보면 재무수지에서 어떤 방법을 쓰면 좋을지 파악할 수 있다. 특히 은행 대출은 대출 금액에 따라서는 은행 내부에서 품의를 올리는 데 시간이 걸리는 경우도 있으므로 미리 신청하는 것이 좋다.

이제 '재무수입-재무지출=재무수지'를 파악했다.

마지막으로 전월말의 현금 및 현금성자산 잔고에 경상수지와 재무수지를 더하여 당월말의 현금 및 현금성자산 잔고를 산출한다. 이것을 12개월분 만든다.

자금운용 예정표는 예정했던 달이 지나면 다음 달 이후의 예정표를 매월 다시 만들어야 한다. 또는 같은 표에 3개월분 정도의 실적치 기입란을 만들어두고 '자금운용 실적 겸 예정표'를 작성할 수도 있다. 도표 15에서는 지면상 관계로 1~3월의 실적을 생략했다.

자금운용에 대한 불안감은 경영자와 회계담당자의 머리를 가장 아프게 하는 골칫거리다. 티끌만한 리스크라도 줄일 수 있도록 지금 당장 자금운용 예정표를 만들어보자. 시행착오를 거듭하며 여러 번 만들 것을 권한다.

도표 15 자금운용실적 겸 예정표 예시

2016년 1월 1일~2016년 12월 31일 (천 엔)

			4월	5월	6월		12월	연간 합계
			실적	예정	예정		예정	
전월말 현금예금 잔고			248,441	268,471	267,178		245,846	240,000
경상수입	① 현금 매출		82,265	87,500	75,600		98,000	1,016,395
	② 외상매출금 회수		1,642	11,700	12,500		10,800	141,941
	③ 받을어음 입금		25,874	24,000	23,000		27,000	285,973
	기타		1,013	0	350		0	2,406
	합계		120,794	123,200	111,450		135,800	1,446,715
경상지출	④ 현금 매입	생략	12,043	13,000	11,232	생략	14,560	150,779
	⑤ 지급어음 결제		46,845	49,920	47,840		56,160	586,135
	⑥ 인건비 지급		12,307	33,750	11,880		15,400	219,184
	⑦ 외주비 지급		13,784	14,040	15,000		12,960	170,043
	⑧ 경비 지급		9,185	9,360	10,000		8,640	114,609
	⑨ 설비투자		0	0	0		0	135,685
	⑩ 세금·배당금		3,185	0	0		0	65,103
	⑪ 지급이자		415	423	413		403	4,654
	합계		97,764	120,493	96,365		108,123	1,446,192
경상수지			23,030	2,708	15,086		27,678	523
재무수입과지출	⑫ 차입금 수입		0	0	0		0	80,000
	수입증자·사채발행 등		0	0	0		0	0
	⑬ 차입금 상환		3,000	4,000	4,000		6,000	53,000
	기타		0	0	0		0	0
재무수지			-3,000	-4,000	-4,000		-6,000	27,000
당월말 현금예금 잔고			268,471	267,178	278,264		267,523	267,523

		4월	5월	6월	12월	연간 합계
손익예산	⑭ 매출액(예산)	117,000	125,000	108,000	140,000	1,451,000
	⑮ 매입액(예산)	60,840	65,000	56,160	72,800	754,520
	⑥ 인건비 지급	12,307	33,750	11,880	15,400	219,184
	⑯ 외주비(예산)	14,040	15,000	12,960	16,800	174,120
	⑰ 경비(예산)	9,360	10,000	8,640	11,200	116,080
⑱ 당월말 차입금 잔고		169,000	165,000	161,000	155,500	155,000

현금은 매출의 몇 개월분을 보유해야 안심일까?

2개월분 매출액이 기준

성공한 경영자는 현금의 중요성을 잘 알고 있다. 현금이 없어지면 순식간에 파산한다는 점을 몸소 경험했기 때문이다.

퍼스트리테일링('유니클로'의 지주회사)의 야나이 다다시 사장은 그의 저서 《일승구패》에서 '기업가 십계명'의 마지막으로 '10. 파산하지 않는 회사를 만든다. 일승구패는 괜찮아도 재기불능이 되는 실패는 하지 않는다. 현금이 떨어지면 모든 것이 끝이다'라며 현금의 중요성을 설파했다.

상품을 판매하여 외상매출금을 회수하면 현금(예금 포함)이 증가한다. 그러나 상품 매입 등 지급이 발생할 때마다 현금이 감소한다. 한편 상품이 생각만큼 팔리지 않아도 급여나 임대료, 매입 대금은 약속대로 지급해야 한다.

현금 잔고는 재무 안전성이라는 관점에서 볼 때 2개월분 매출액을 기준으로 잡지만 현실에서는 많은 중소기업이 월말에 1개월분밖에 보유하고 있지 않다.

'영업활동 현금흐름은 은행 차입을 하지 않고 자기자금으로 운용한다'라는 방침을 갖고 있는 회사의 경우, 돈을 효율적으로 사용한다는 의미에서 1개월분이 타당한 수준일 수도 있다. 그러나 최소한 1개월 이상의 잔고를 확보해두어야 돌발 상황에 대비할 수 있다.

어느 기업이 수중자금을 많이 보유하고 있을까?

2014년도 말 수중자금을 많이 보유하고 있는 회사(금융기관은 제외) 순위를 살펴보면 1위 도요타 자동차, 2위 소프트뱅크, 3위 이온, 4위 미쓰비시상사, 5위 소니 순이었다(2015년 5월 30일자, 〈일본경제신문〉 조간). 수중자금이란 현금예금(정기예금 포함)과 단기매매 목적인 유가증권을 합친 것이다. 이 기사를 바탕으로 5사가 매출액의 몇 개월분을 수중자금으로 보유하고 있는지 산출해보았다.

다음 쪽의 도표 16에 나오듯이 5사의 수중자금은 매출액의 3.3개

도표 16 수중자금은 매출액의 몇 개월분 있는가?

(억 엔)

순위	회사명	결산기	수중자금 잔고	연간 매출액	매출액의 몇 개월분인가
1위	도요타 자동차	2015년 3월기	52,159	272,345	2.3개월
2위	소프트뱅크	2015년 3월기	32,586	86,702	4.5개월
3위	이온	2015년 2월기	23,530	70,785	4.0개월
4위	미쓰비시상사	2015년 3월기	19,131	76,694	3.0개월
5위	소니	2015년 3월기	18,861	82,158	2.8개월
				5사 평균	**3.3개월**

소프트뱅크는 4.5개월분,
이온도 4.0개월분의 수중자금을 보유하고 있다!

※ 출처: 〈일본경제신문〉, 2015년 5월 30일 기사를 근거로 저자가 작성

월분이었다.

도요타는 엔저 평가에 의한 수출 실적 개선, 소프트뱅크는 사채발행 등 수중자금이 증가한 나름의 요인이 있긴 하지만 타당한 기준인 '2개월분'을 크게 웃돌고 있다. 재무 안전성이 높다는 것은 향후 적극적인 자금 활용이 가능하다는 뜻이기도 하다. 그러므로 수중자금을 중시하는 것은 경영의 기본 중의 기본이라 할 수 있다.

중장기적으로 성장하기 위한 투자에 돈을 쓸 경우에도 평소의 매

출과 이익을 차곡차곡 쌓아서 매출액의 2개월분 이상의 현금을 비축하자. 아니, '반드시 비축하겠다!'라는 경영자의 강한 의지가 있어야 한다. 대기업의 사례이긴 하지만 중소기업도 참고하도록 하자.

다만 재무 안전성이 너무 높아서, 예를 들어 현금을 항상 매출액의 5~6개월분 보유한 경우라면 오히려 주주에게 '자금운용의 효율성을 높이라'라고 질책당할 수도 있다.

경영자의 역할은 회사 자산을 활용하여 효율적으로 이익을 내는 것인데 사실 수중자금을 아무리 쌓아둔들 거기에서 이익이 나진 않는다. 앞서 말했듯이 ROE(자기자본 이익률)가 낮아질 수 있어서 주가 하락 요인으로 작용하기도 한다. 상장기업은 수치가 좋아도 나빠도 그 이유를 설명할 책임이 있다.

현금흐름 개선책 1 : 회수 조건은 앞당기고 지급 조건은 늦춘다

매출 회수 조건을 앞당기려면?

97쪽에서도 이야기했듯이 잉여현금흐름 FCF은 현금흐름 중에서 특히 중요한 지표다. 이 수치는 회사가 영업활동으로 벌어들인 자금에서 설비투자 자금을 차감하여 산출된다. 즉 FCF는 회사가 자유롭게 쓸 수 있는 돈이며 많을수록 경영 상태가 좋다고 할 수 있다. '자금 운용 예정표'로 말하면 경상수지가 재무수지보다 많아서 돈이 남는 상태를 가리킨다.

어떻게 하면 그런 상태가 될 수 있을까? 여기서는 회수 조건과 지급 조건에 대해 살펴보자.

FCF를 많이 남기려면 이익을 내야 한다. 이것은 너무 당연한 일이며, 일단은 '매출의 회수 조건을 최대한 앞당기고 매입이나 경비 등 지급 조건을 최대한 늦추는 것'이 대단히 중요하다.

매출 회수 조건 중 가장 좋은 것은 현금 입금이다. 상품이나 서비스를 고객에게 인도하는 순간 현금을 받는 것이다.

다음으로 좋은 것은 당월말 마감, 익월말 입금 현금 회수이다. 신용카드 결제 방식은 15일에서 31일(한국은 보통 1일에서 7일) 뒤에 현금이 들어온다. 통상적인 외상매출금과 비슷한 기간에 회수되니 그리 길다고 할 수는 없지만 카드수수료를 부담해야 하므로 매출총이익이 적은 업종에서는 좀 힘든 방식이다.

음식점의 경우, 원재료비, 인건비, 임대료라는 3대 비용을 매출액에서 차감하고 나면 매출총이익이 몇 퍼센트밖에 남지 않는 곳도 많다. 여기서 3~4%의 카드 수수료를 떼이면 이익이 거의 남지 않는다. 그런 이유로 많은 가게가 '현금 판매'를 선호한다.

반대로 최악의 회수 조건은 외상매출로 판매한 뒤 대금 입금일에 어음을 받았는데 그 어음의 만기가 긴 것이다. 2~3개월이면 그나마 좀 낫다. 4~5개월이면 비용을 지급하는 데 지장이 생기기 때문에 은행에 가서 만기일 전에 어음을 할인하여 입금하게 하거나 그 어음 뒷면에 필요사항을 적어서 지급처에 돌리는(배서양도) 경우가 많다.

할인한 어음을 할인어음이라고 하며 할인료(이자와 마찬가지)를 은행에 지급하여 차액을 입금하게 한다. 배서양도 어음의 경우에는 지급금액과 딱 맞는 어음을 찾기가 무척 어렵다. 그래서 지급금액을 100이라고 하고 거래처로부터 입수한 배서양도 어음의 금액이 96이라고 하면 그 차액을 현금으로 지급하거나 새로운 어음을 발행해야 한다. 참 번거롭다.

어음 거래를 할 때는 신용 문제도 고려해야 한다. 신용할 수 있는 회사의 어음이라면 괜찮지만 신용할 수 없는 회사라면 지급 거부나 파산 사태가 발생해 현금을 회수하지 못해 자신의 회사까지 함께 파산할 수도 있기 때문이다. 이 사태만큼은 반드시 피해야 한다.

최근에는 '전자기록채권'을 이용하는 회사가 증가했다. 이것은 어음이나 외상매출금을 단순히 전자화한 것이 아니라 새로운 지급 수단이다. 어음은 작성 및 보관비용이 들고 분할할 수도 없는 반면 전자채권기록기관(등기소와 유사하다)의 원장에 정보를 기록하면 인터넷을 통하여 채권을 매매할 수 있고 분할하여 양도할 수도 있다. 어음의 단점을 극복한 제도이므로 향후 더 널리 쓰일 듯하다.

매입 지급 조건을 늦추려면?

다음으로 지급 조건의 문제점을 살펴보자.

가능한 한 현금을 수중에 남겨두고 싶으므로 지급할 때는 회수 조건과 정반대로 하면 된다. 되도록 지급을 늦추는 것이다.

현금 지급은 절대로 피하고 월말 마감의 익월말 입금도 되도록 피하며 익월말에 3개월 이상 어음으로 지급하는 것이 좋다. 그러나 현실은 그렇게 단순하지 않다. 매입처나 거래처가 이런 조건에 합의할 리가 없기 때문이다.

그런 경우에는 매입처와 자사의 힘 관계에 따라 협상을 한다.

자사의 위치가 더 약하다면 매입처의 조건에 맞출 수밖에 없다. 하지만 '어떻게 좀 해달라'고 설득하는 것도 중요하다. 구입 로트lot (1회에 생산되는 특정 수의 제품의 단위), 구입 단가, 사양 변경, 단가할인 조건 등 교섭할 수 있는 여지가 있다.

그러나 임대료 등은 선입금이 원칙이다. 후지급이라는 조건으로는 사무실을 빌릴 수 없다. 또한 매출액의 몇 퍼센트라는 식으로 임대료를 정하는 백화점이나 쇼핑몰에 입점했을 경우, 임대료는 변동비가 되고 매출액이 높을수록 임대료가 올라서 매우 힘들다.

균형이 잡히면 자금운용이 편해진다

여기까지 이해했다면 이번에는 회수 조건과 지급 조건이 거래처별로 어떻게 다른지, 회사 전체적으로 균형이 잡혀 있는지 확인해야 한다.

사실 '되도록 유리한 회수 조건과 지급 조건을 지향한다'라고 생각하며 사업을 시작하는 경영자는 그리 많지 않다. 실제로 확인해보면 거래처별로 회수 조건과 지급 조건이 제각각이어서 놀라는 경우가 종종 있다.

이럴 때는 일단 회수 조건과 지급 조건을 되도록 통일하자.

예를 들어 각각의 회사마다 조금씩 다른 조건을 하나로 정리하여 거래처 45사의 회수 조건은 평균 '1.5개월 후 현금 입금', 매입처 86사의 지급 조건은 평균 '2개월 후 현금 지급'이라는 식으로 통일한다. 그러면 그 차액인 0.5개월분의 현금이 항상 남는다. 이것이 '회수와 지급의 균형이 잡힌' 상태이며 이렇게 되면 자금을 한결 편하게 운용할 수 있다.

현금흐름 개선책 2 : 비즈니스 모델을 변경한다

선수금 비즈니스는 현금흐름의 우등생

앞에서 매출 회수 조건으로 가장 좋은 것은 현금 결제라고 했다. 그러나 그보다 더 효율이 좋은 조건은 '선수금 비즈니스'다.

예를 들어 스포츠클럽, 학원, 영어회화학원, 피부미용실 등은 서비스를 제공하기 전에 몇 회권을 판매하거나 6개월분을 선지급하면 할인을 해주는 방식으로 운영한다. JR의 지하철 교통카드인 스이카Suica나 민간철도사에서 발행한 파스모PASMO 등도 그렇다.

이렇게 선수금을 받는 방식이 고객의 호응을 얻으면 자금운용으로 고생하지 않아도 된다.

그러나 선수금 비즈니스를 할 때 발행회사 측이 주의해야 할 점이 있다. 서비스가 완료되기 전까지 그 선수금은 고객으로부터 '맡아둔 돈'이므로 보관 의무가 있으며 서비스 제공(매출로 계상) 전에 그 돈을 쓰지 않도록 관리해야 한다.

예전에 영어회화학원, 피부관리실 등이 고객의 돈을 미리 받고 나서 파산한 사건들이 꽤 있었다. 그때 상당수 업체가 '고객이 지불했던 회원권을 환불해줄 자금이 한 푼도 남아있지 않아서' 세상을 떠들썩하게 했다. '호사다마'라는 격언을 명심하도록 하자.

자금운용이 편해지는 비즈니스 모델은?

비즈니스 모델의 전부 또는 일부를 변경하여 현금흐름을 개선하는 방법은 선수금 비즈니스 외에도 몇 가지 더 있다.

① 디자인 제작이나 하청공사 등의 하청기간이 긴 비즈니스의 경우, 완성 시에 금액을 회수하지 않고 선금, 중도금을 받을 수 있도록 계약한다.
② 기존에는 오프라인 점포에서 판매했던 상품을 인터넷으로 판매한다. 점포 판매에는 임대료와 인건비, 인테리어 등의 비용이 들지만 인터넷 통신판매는 그런 비용이 들지 않는다. 비용이 드

는 것은 오프라인 점포와 마찬가지로 재고 부담과 통신판매에 드는 배송료뿐이다.
③ 인터넷 통신판매를 할 때는 대규모 쇼핑몰에 출점하면 수수료가 들기 때문에 자사 사이트를 활용한다. 또한 자사 사이트가 검색 화면의 상위에 오르도록 SEO Search Engine Optimization 대책을 실시한다. 블로그나 SNS와의 연계를 강화하면 더 좋다.
④ 신용카드사를 경유하면 수수료가 들기 때문에 '선입금 후 상품을 배송'하는 스타일로 주문을 받는다.
⑤ 인터넷으로 체험판 프로그램을 무료로 제공하는 한편 높은 부가가치를 추가한 프로그램에 대해 월정액제 요금을 받는다.

인터넷 통신판매의 경우 이익률이 높은 독자적인 상품을 판매할 수 있다면 쇼핑몰의 수수료나 신용카드 수수료가 들어도 이익이 나지만, 그렇지 않은 경우에는 역시 자사 사이트에서 판매하는 것이 좋다.

오프라인 매장에서의 판매는 상당한 임대료와 인건비, 매장 관리를 위해 예상치 못한 수고와 시간, 예를 들어 점포운영 매뉴얼 정비와 직원 교육 등에 비용과 품을 들여야 한다. 그러나 독자적 인터넷 통신판매(무점포 판매)방식으로 전환하면 창고 상품관리 비용과 배송료만 부담하면 된다.

이렇게 무점포 판매는 오프라인 점포보다 상대적으로 비용이 적게 든다. 인건비와 인사관리비용도 아낄 수 있어서 손익구조가 가벼

워지므로 무점포 판매로 인해 절감되는 비용과 판매에 드는 수수료(쇼핑몰 수수료 및 신용카드 결제 수수료) 비용을 저울질하여 비즈니스 모델을 정하도록 하자.

현금흐름 개선책 3 :
사내에서 현금을 짜낸다

'경영 자원의 선택과 집중'을 한다

이번에는 '사내에서 현금을 짜내는' 관점에서 현금흐름 개선책을 살펴보겠다. 사내 현금 염출 방법으로는 다음 4가지 경우를 생각할 수 있다.

① '경영 자원의 선택과 집중'을 한 뒤, 핵심 사업 구조를 전면적으로 재검토한다. 그러면 비非핵심 사업을 매각하거나 철수시킬 수 있다.

② 최저 재고량을 산출하여 그 수준까지 재고를 삭감하고 항상 그

수준을 유지한다.

③ 불필요하고 급하지 않은 자원(유형자산, 투자 등)을 매각한다.

④ 쓸데없는 비용을 삭감한다.

이 중 ③은 경영상 당연한 정책이다. 철수한 사업에 관한 자산, 예를 들어 토지나 공장설비는 매각대상이고 유휴 토지 및 설비, 업무 목적이 아닌 투자유가증권, 적립형 생명보험금은 자금운용이 힘들어지면 제일 먼저 현금화되기 마련이다.

④에 관해서는 뒤에 설명하겠으므로 ①과 ②부터 살펴보자.

처음에는 ①'경영 자원의 선택과 집중'을 하는데 이를 위해서는 몇 가지 사업 중 '적자 사업을 대폭 축소하거나 철수한다', '이익률이 낮은 사업을 매각한다', '핵심 사업만 남기고 전부 매각한다'라는 결단을 내린다.

남겨둘 핵심 사업을 정했으면 이번에는 그 사업 구조를 재검토한다.

- 타깃 고객층을 전면 재검토한다. 대량생산인가 틈새시장인가, 대상은 기업인가 일반 소비자인가?
- 상품 및 서비스의 가치와 가격은 지금 이 상태로 적정한가?
- 광고 선전은 어떤 식으로 해야 하는가?
- 판매 방법은 지금 이 상태로 괜찮은가?

- 상품 생산 및 공급 과정(서플라이체인) 중 어느 부분을 담당하는가?
- 손익구조는 현 상태로 괜찮은가?
- 결제방법(회수 조건)과 지급 조건 등의 현금흐름 구조를 처음부터 재검토하여 재구축한다.
- 취급량이 늘어났을 경우의 전체 구조를 예측한다.

이 중 '상품 생산 및 공급 과정의 어느 부분을 담당하는가?'에 대해 좀 더 알아보자.

서플라이체인은 상품기획 및 설계부터 원재료 조달, 제조, 외주, 재고, 판매, 배송에 이르는 흐름을 말하며 상품을 공급supply하는 측에서 봤을 때 각 기능이 어떻게 연계되어 있는지 나타낸 것이다.

서플라이체인에서의 자사 위치(역할)를 검토하면 더 많은 이익을 창출할 가능성이 보인다. 예를 들어 지금은 판매 공정만 보유하고 있지만 되도록 제조에 가까운 상류 공정을 사내에 도입하여 상품을 생산하고 판매하도록 변경하는 것이다. 당장은 실현하지 못해도 시행착오를 거듭하면 올바른 방향이 보일 것이다.

상류로 거슬러 올라가 성공한 유니클로

지금으로부터 25년도 더 전, 유니클로는 의료품을 제조업체와 도매상에게 받아와서 판매하는 소매점에 지나지 않았다.

1990년 8월기(상반기) 매출액은 51억 5,700만 엔, 경상이익은 1억 엔, 매출액 경상이익률은 1.9%였다. 그 무렵부터 유니클로는 서서히 중국 공장에 '별주別注'라는 형태로 자사가 기획하고 디자인한 상품 비율을 늘리기 시작했다.

점차 사내에 디자이너와 패터너Patterner(옷의 곡선과 입체감을 만드는 사람)를 두게 되었고 생산관리 담당자가 중국 협력공장 근교에 상주하며 기획 및 디자인에서 생산, 판매까지 전 과정을 일괄하여 맡는 'SPA(제조·유통 일괄)'라고 불리는 업태를 이룰 만큼 성장했다.

2006년 8월기부터 2015년 8월기까지 10년간 매출액 경상이익률은 평균 13.1%다. 상류로 거슬러 올라간 덕분에 이익률이 뛰어오른 사례다. 이것으로 현금흐름은 대폭 개선되었다.

그 밖에도 서플라이체인을 변경하여 성공한 사례가 있다.

기계와 금형을 제조하던 한 회사는 원래 하던 자체 설계를 중단하고 OEM(주문자 생산방식) 제조수주 전문으로 전환했다. 또 개인 소비자를 대상으로 한 제품을 전부 자체 제작했던 회사는 연속적으로 적자가 난 제품제조부문을 축소하고 우수한 성과를 낸 부품제조에 특화하여 거듭났다. 양사 모두 정리해고를 통해 군살을 깎고 잘하는 분야에 집중한 것이 효과를 보았다.

또 애플처럼 기획과 설계에 특화하고 제조는 위탁해서 성공한 예도 많다.

'무재고 물류'가 현금흐름을 개선한다

이번에는 ② 재고 삭감에 대해 알아보자.

독자 여러분은 이미 잘 알겠지만 재고는 돈과 마찬가지다. 돈이 매출과 이익을 내는 데 도움이 되지 않으면 무의미하듯이 재고는 판매되지 못하면 사장된다. 고로 그 사업을 하는 의미가 없다.

재고를 적정한 수준에서 회전시켜야 하며 최적 재고량을 파악하여 그 수량이 되도록 매입과 매출을 조정해야 한다. 장기미판매재고, 악성재고가 판명되면 신속하게 폐기하거나 저렴하게 매각하여 평가손으로 처리해야 한다.

가장 바람직한 방법은 '무재고 물류'로 제조에 필요할 때만 원재료를 보유하고 판매에 필요할 때만 상품을 재고로 보유하여 월말 또는 결산기말의 재고량이 거의 0이 되는 것이다. 이 상태에 조금이라도 근접할 수 있다면 현금흐름이 크게 개선될 것이다.

현금흐름 개선책 4 :
자금을 조달한다

자금을 끌어오는 5가지 방법

마지막으로 '차입을 하거나 자본금을 늘려서 자금운용 자체를 개선한다'는 관점에서 생각해보자.

① 은행 등 금융기관에서 차입한다

제1장에서 차입금은 되도록 0인 상태가 이상적이라고 했다. 그러나 정상적인 운전자금이나 성장의 지렛대 역할을 하기 위한 설비투자 자금 목적으로 계획적으로 상환할 수 있는 범위 내라면 전혀 문제가 없다. 다만 차입금이 지나치게 늘지 않도록 주의해야 한다.

자금을 빌려주는 측인 은행은 약속한 기한까지 원금과 이자를 전부 상환받을 수 있겠다고 예상될 때 대출을 해준다. 당연히 빌려주는 쪽은 빌리는 쪽의 신용이나 담보 가치를 판단한 뒤 빌려준다. 이를 판단하기 위해 과거의 재무제표와 최근 월 재무제표를 검토하거나 재무담당자의 신용도와 사장의 건강 상태를 확인하기도 한다.

물론 대출을 받는 목적도 합리적이어야 한다. 합리적 목적이란 운전자금, 상여자금, 납세자금, 설비투자자금 등을 들 수 있으며 차입 기간과 담보가치, 신용에 따라서 금리가 달라진다.

② 증자를 한다

증자란 새로운 주식(신주)을 발행하여 사업의 밑천이 되는 자본금을 늘리는 것이다. 과거에 자금을 출자해준 기존 주주에게 지금과 같은 지분 비율로 배분하는(자금을 지불하게 하는) 방법을 주주배정증자라고 하고 제삼자(기존 주주가 일부 포함되는 경우도 있다)에게 배분하는 방법을 제삼자배정증자라고 한다.

은행 등 금융기관에서 받은 차입금을 '타인자본'이라고 하는데 타인자본은 금리라는 비용을 지불하고 상환일까지 반드시 갚아야 한다. 반면 자본금은 '자기자본'이라고 불리며 배당이라는 비용을 지급할지 자유롭게 결정할 수 있고(이익이 나지 않으면 배당을 할 수가 없다) 돌려주지 않아도 된다.

현금흐름 개선책 관점에서 보자면 증자가 최상책이다. 다만 경영

도표 17 주주배정증자와 제삼자배정증자의 차이점

① 주주배정증자 (만 엔)

주주	기존 자본금 (주가 10만 엔)			증자 (주가 18만 엔)		증자 후			
	주수	금액	지분	주주	출자액	주수	출자액	주당 출자액	지분
A	80	100	80%	40	720	120	1,520	12.7	80%
B	10	100	10%	5	90	15	190	12.7	10%
C	10	100	10%	5	90	15	190	12.7	10%
합계	100	1,000	100%	50	900	150	1,900	12.7	100%

② 제삼자배정증자 (만 엔)

주주	기존 자본금 (주가 10만 엔)			증자 (주가 18만 엔)		증자 후			
	주수	금액	지분	주주	출자액	주수	출자액	주당 출자액	지분
A	80	100	80%	—	—	80	800	10.0	53%
B	10	100	10%	20	360	30	460	15.3	20%
C	10	100	10%	—	—	10	100	10.0	7%
D	—	—	—	20	360	20	360	18.0	13%
E	—	—	—	10	180	10	180	18.0	7%
합계	100	1,000	100%	50	900	150	1,900	12.7	100%

주주 지분은 주주배정증자일 때는 변하지 않지만 제삼자배정증자일 때는 변한다

자를 비롯한 기존 주주들이 자금을 불입할 자금 여력이 있는지, 회사의 성장 가능성을 믿고 투자해줄지 라는 현실적인 과제가 남는다.

주주배정증자는 증자 후에도 기존 주주의 지분(지분비율)이 변하지 않지만, 제삼자배정증자의 경우는 변한다.

도표 17을 보면 주주배정증자에서는 주주의 지분과 같은 비율로 새로운 주식 수가 할당되고 3명 모두 그 비율에 따라 출자했으므로 증자 후의 지분은 증자 전과 변함이 없다.

그런데 제삼자배정증자에서는 증자에 응한 기존 주주 B(A와 C는 응하지 않았다), 새로운 주주 D와 E가 그 시점의 주당 주가 18만 엔에 대해 각자 보유한 주식 수만큼 불입한 결과 증자 후의 지분이 크게 바뀌었다. 기존 주주 C와 새로운 주주 E는 10주씩 보유하고 있으므로 불입한 금액(출자액)은 80만 엔이나 차이가 나지만 지분은 동일한 7%이다.

주주배정과 제삼자배정 중 무엇을 택할지는 증자 규모에 따라 정하는 경우가 많다. 통상적으로 경영자는 주주를 되도록 늘리고 싶지 않다고 생각하므로 기존 주주가 자금을 불입해줄 수 있는 규모라면 주주배정증자를, 제삼자에게서도 출자를 모집해야 하는 규모라면 제삼자배정증자를 선택한다.

③ 기업공개IPO를 한다

최상의 증자 방법은 증권거래소에서 주식을 상장(기업공개)하는 것이다. 비상장 기업이 신규로 주식을 판매하는 것이므로 이를 IPO Initial Public Offering라고 한다. 상장 전에는 100만 엔을 구하지 못해 사방팔방으로 뛰어다녀야 하지만 상장을 하는 순간, 수억 엔(경우에 따라서는 수십억 엔)이나 되는 돈이 입금되어 자금운용에 관한 문제가 순식간에 사라진다.

상장 시에 주식을 거래소에서 처음으로 판매하는 방법에는 2종류가 있으며 기존 주주가 보유한 주식을 파는 것을 '매각'이라고 하고 새로운 주식을 발행하여 증자하는 것을 '공모'라고 한다.

매각은 기존 주주가 보유한 주식을 파는 것이므로 회사에는 돈이 들어오지 않지만 공모는 회사에 증자자금이 입금된다. 즉 현금흐름 개선책이라는 의미에서는 공모만 도움이 된다.

IPO의 목적은 상당수가 자금조달, 지명도 향상, 사회적 신용도 향상이다. 상장을 하면 '각종 법령 및 규정 준수', 'IR·법무·회계 등 관리부문을 위한 비용 증가' 등을 감내해야 한다는 단점이 있지만 전자의 이점이 이보다 더 많다고 판단되면 상장 준비에 돌입한다.

물론 그 회사 사업의 성장성과 수익성이 높고 매력적이지 않으면 상장을 해도 주주가 투자하지 않아 주가가 낮은 가격에 설정되므로 상장하는 의미가 없다.

앞서 말한 단순한 증자로는 경영자나 가족관계자·지인 등이 주식을 인수하지만 IPO는 면식이 없는 수많은 사람들이 주주가 된다. 그러므로 회사를 공개적으로 팔았다고 생각하고 '내 회사'가 아니라

'우리 회사'(주주 등 이해관계자를 위한 회사)로 만든다는 발상으로 경영할 각오가 필요하다. 주주총회에서 많은 주주의 질문 공세에도 성실하게 답변해야 한다.

④ 스톡옵션을 부여한다

이것은 주식매수선택권(주식을 정해진 가격으로 회사에서 살 수 있는 권리)이라고도 하는데 임직원에게 보수로써 부여하는 권리를 의미하는 경우가 대부분이다.

비상장 기업일 때는 직원에게 높은 급여를 지급하기 어려우므로 다소 낮은 급여수준을 설정한다. 대신 스톡옵션을 부여해 상장 후에 주가가 올랐을 때 미리 정해둔 낮은 주가로 신주를 발행하여(자기주식을 충당하는 경우도 있다) 시장에 판매해 그 차액(이익)을 얻게 한다. 직원에게 동기부여를 하고 충성심을 갖게 하는 효과가 있다.

스톡옵션에는 '낮은 급여수준으로 설정해두고'라는 부분에서 현금흐름을 개선하는 효과가 있다. 상장회사 중에서도 스톡옵션을 발행하여 직원의 근로 의욕을 높이거나 자사 주가에 관심을 갖게 하는 수단으로 이용하는 곳이 많다. 여기서는 생략하지만 세법상 어떻게 다루어야 할지 면밀히 검토해야 한다.

⑤ 클라우드 펀딩을 활용한다

최근 현금흐름 개선책으로 종종 이용되는 방법이다. 인터넷상에서

'클라우드 펀딩'이라고 불리는 서비스를 이용해 불특정 다수로부터 소액자금을 끌어모으는 방법이다.

제3장

비즈니스 현장에서 도움이 되는 '회계수치' 사용법

지금 바로
회계에
눈을 떠라

어떤 식으로 매출을 늘려서
이익을 올릴 것인가?

매출액을 분해하면 구체적인 대책이 보인다

　회사가 성장하는 데 가장 중요한 요건은 매출을 증대하는 방법을 찾는 것이다. 대부분의 경영자가 이 명제를 두고 골머리를 앓는다.

　그러나 그저 막연히 '매출을 올려야 한다'라고만 생각해서는 좋은 방법이 떠오르지 않을 것이다. 그보다는 매출을 몇 가지 요소로 분해해보는 것이 중요하다. 매출을 여러 요소로 분해하면 매출을 늘릴 구체적인 대책을 세울 수 있기 때문이다.

　모든 업종은 다음 6가지 방법으로 매출액을 분해할 수 있다. 각 수식에 등장하는 키워드는 넓은 의미의 KPI(핵심성과지표)이므로 상황에 따라 매월, 매주, 매일의 동향을 수치로 파악하여 효과적인 수단을 찾아볼 수 있다. KPI에 대해서는 제4장에서 자세히 설명하겠다.

① 매출액 = 고객 수 × 평균객단가

원래 매출이란 고객에게 상품을 판매한 대가이므로 '고객 수'와 '객단가'를 곱하여 구한다. 즉 고객 수를 늘리거나 객단가를 올리거나, 또는 그 둘을 동시에 실시하면 매출이 증가한다는 말이다. 물론 2가지를 동시에 실시하는 것이 가장 좋다.

예를 들어 한 프렌치 레스토랑의 하루 매출액이 20만 엔이라고 하자. 상세내역을 살펴보면 점심식사를 한 고객 수 40명 × 객단가 1,000엔 = 4만 엔, 저녁식사를 한 고객 수 20명 × 객단가 8,000엔 = 16만 엔이다. 여기서 만약 고객을 끌어모으는 방법이나 메뉴 구성을 연구하여 고객 수와 객단가가 각각 5%씩 증가했다고 하면 매출액은 얼마가 될까?

[런치] 고객 수 42명 × 객단가 1,050엔 = 4만 4,100엔
[디너] 고객 수 21명 × 객단가 8,400엔 = 17만 6,400엔

런치와 디너의 합계가 22만 500엔이 되므로 매출액이 10%나 증가한다.

이처럼 수식에 나타난 각 요소를 최적화하면 매출을 효율적으로

늘릴 수 있다.

참고로 이 수식은 다음과 같이 분해할 수도 있다.

매출액 = 고객 수 × 구매빈도 × 구매당 단가

이런 수식을 바탕으로 예를 들어 체인점이라면 각 점포에서 어떻게 고객을 모으고 일일 회전율을 어떻게 올리며 재방문율을 어떻게 늘릴지, 동시에 객단가를 올리기 위해 메뉴를 어떻게 변경할지 등을 검토한다.

② 매출액 = 상품 수 × 상품 평균단가
이 공식은 '매출액을 늘리려면 판매하는 상품 수를 늘리고 동시에 상품 자체의 평균단가를 올려야 한다'는 말이다.

예를 들어 음식점의 경우, 상시 메뉴 외에 계절한정 메뉴를 늘리거나 잘 팔리는 메뉴의 관련 식재료를 늘린다. 또한 시간대별로 메뉴와 가격을 다르게 설정하거나 고객의 취향을 조사하여 플러스알파 서비스를 하거나 고객의 요구사항에 맞춤형으로 대처한 상품을 만드는 등의 연구를 한다.

③ 매출액 = 시장 전체의 매출액 × 당사의 시장 점유율
'이걸 어떻게 계산하라고!'라는 말이 들리는 듯하다. 시장 전체의

매출액을 산출하는 것이 어렵다는 것은 알고 있지만 꼭 한 번 해보길 바란다. 그 수치를 계산하면서, 시장을 어떻게 정의하고 개척하며 점유율을 확대할지 생각하는 것 자체에 의의가 있기 때문이다. 몇 번씩 수치를 수정하며 계산하다 보면 분명 납득가는 수치가 나올 것이다.

④ 매출액 = 기존점 매출액 + 신규점 매출액

체인점에서 월 매출액을 전년 동월과 대비할 때 잘 사용한다. 신규점을 출점하면 당월 매출액은 전년 동월에 비해 신규점 매출액만큼 증가했을 것이다. 이때 신규점의 매출액은 제외하고 '기존점 매출액은 전년 동월 대비 103.5%이다'라는 식으로 분석해야 한다. 기존점 매출액이 전년 동월보다 증가했는지가 향후 업적을 모색하는 중요 지표가 되기 때문이다.

기존 고객의 재방문율 수요뿐 아니라 신규고객을 늘리고 싶은 경우, 신상품을 확충하고 싶은 경우 등 '신규'의 중요성이 높은 업계라면 다음 ⑤~⑥처럼 분해할 수도 있다.

⑤ 매출액 = 기존고객 수 × 평균 기존고객단가 + 신규고객 수 × 평균 신규고객단가

이 수식은 '기존고객'의 재방문율을 높이고 '신규고객'을 어떻게 늘릴 것인지에 초점을 맞춘다. 기존고객이 만족하고 있는지 신규고객을 창출하는 방법을 연구하고 있는지 검토한다.

⑥ 매출액 = 기존상품 매출액 + 신상품 매출액

고객은 기존상품을 계속 접하면 결국 싫증을 내므로 매출이 떨어진다. 그러므로 매년, 신상품을 출시해야 한다. 그럴 때는 이 수식이 도움이 된다.

제조업체에서 '내년도 신상품 매출액 비율은 20%로 한다!'라고 정했다면 금년도의 기획·개발단계에서 다양한 준비를 거쳐 신상품을 위한 원재료 매입계획이나 제조계획을 세워야 한다. 또한 월마다 그 진척도를 측정하여 피드백해야 한다. 내년도가 끝났을 때 신상품 매출액이 20%에 근접했다면 예상대로 진행되었다는 말이다.

이렇게 매출액을 증대하는 것만으로도 여러 가지 접근법이 있다. 자사의 방침에 맞추어 분해 방법을 달리해보자.

이익이 나는 판매가는
어떻게 결정할까

원가를 종합하고 거기에 이익을 얹는다

　매출을 최대화하려고 하면 상품과 서비스의 가격 설정이 결정적인 요인이 된다.

　고객이 생각할 때 판매가가 지나치게 비싸다면 상품 가치가 높아도 고객은 만족하지 않을 것이다. 반대로 판매가가 원가 이하면 손실이 나서 사업을 지속할 수 없다. 고객이 그 상품 가격과 가치에 만족하고 수요와 공급이 균형을 이루는 판매가는 딱 하나뿐이라고 생각하는 편이 좋다. 가격 설정은 경영의 생명선이라고 할 만큼 중요하기 때문이다.

도표 18 마크업 가격결정이란?

┌─ **마크업 가격결정** ─────────────┐
│ 원가에 이익을 얹어서(마크업markup 하여) 판매가를 결정하는 방식 │
│   │
│   모든 원가   1,000엔   │
│   +) 매출총이익   500엔   ⎫ 마크업 비율   │
│   ───────────────────────────── ⎬ 50%   │
│   판 매 가   1,500엔   ⎭   │
└────────────────────────────────────┘

⬇

그 결과 손익구조는 다음과 같다.

         매 출 액   1,500엔
      -) 매 출 원 가   1,000엔   ⎫ 매출총이익률
      ───────────────────────────── ⎬ 33.3%
         매출총이익   500엔   ⎭

요리사에게 재료의 맛을 최대한 살리는 조리법은 단 하나밖에 없으며 그것을 만들어내기 위해 수없이 시행착오를 거듭한다는 이야기를 들은 적이 있다. 수요와 공급이 균형을 이루는 최적 판매가도 그와 유사하다.

그러면 그 가격을 어떻게 결정하면 좋을까?

먼저 판매자 측의 논리로 말하자면 상품 판매가는 그 사업의 손익구조로 결정된다. 그 경우 판매가를 정하는 방법은 모든 원가에 목표 이익을 더하는 방식(마크업 가격결정markup pricing)이 일반적이다.

예를 들어 3개월 뒤에 출시하는 신제품 원가가 1,000엔이라고 하면 거기에 500엔의 이익을 얹어서(추가하여) 1,500엔을 판매가로 정하는 식이다.

마크업 비율은 상품원가를 바탕으로 가격을 결정할 때의 지표가 되며 이익을 매출원가로 나눈 것이다. 이 경우에는 50%가 된다. 이에 대해 매출총이익률은 결과적으로 어느 정도의 이익을 냈는지 보여주는 지표로, 이익을 매출액으로 나눈 것이다. 판매가(매출액)가 1,500엔이고 이익이 500엔이라고 하면 매출총이익률은 33.3%이다.

다만 원가에 이익을 얹는 방식이 잘 안 되는 경우도 적지 않다. 그 상품의 시장 상황, 일반적인 시장 가격, 업계의 시세, 인접한 점포의 가격 시세 등이 있다면 그런 요소에서 너무 벗어난 가격 설정은 하기 어려우므로 원가에 많은 이익을 얹지 못하거나 원가 이하의 판매가로 설정할 수밖에 없는 경우도 있다. 그럴 때는 원재료를 변경하거나 제조방법을 변경하여 어떻게든 비용을 낮추어야 한다.

마크업 비율은 업계에 따라서도 크게 다르다.

귀금속이나 가구 등은 점포에서 재고를 보유하는 기간이 길고 행사나 이벤트가 있을 때 주로 팔리는 상품이므로 마크업 비율이 높게 설정된다. 회사 브랜드 가치에 따라 증액되기도 한다.

또 연구개발비나 광고선전비가 많이 드는 의약품 및 화장품도 마크업 비율이 높은 편이고 그로 인해 매출총이익도 높다.

마찬가지로 안경도 매출총이익률이 높다. 원가율 자체는 낮지만 평일에는 별로 팔리지 않다가 주말이나 휴일에 고객이 집중되는 업종이므로 임대료나 인건비 등의 판관비가 많이 들기 때문에 마크업 비율이 높아진다고 볼 수 있다.

한편 일용품을 취급하는 업계에서는 마크업 비율이 낮은 편이다. 가격경쟁이 치열하여 며칠에 한 번씩 판매가를 변경하는 일이 보통이다. 슈퍼마켓, 드럭스토어(의사의 처방전 없이 구입할 수 있는 일반의약품 및 화장품·건강보조식품·음료 등 다양한 상품을 판매하는 매장-옮긴이), 통신판매 등이 그렇다. 인터넷 통신판매의 경우에는 가격 검색 프로그램이 상시 작용하기 때문에 항상 최저가로 판매하는 사이트도 있다.

판매가를 잘못 결정하면 큰일 난다

가격을 결정하는 방식은 매우 중요하다. 원재료비 등의 비용이 올랐다면 판매가를 올리지 않고서는 이익을 확보할 수 없다. 이때 가격 인상에 대해 어떻게 고객을 설득할지가 관건이다.

고객이 가격 인상 이유를 수긍하고 그 가격 인상으로 품질과 가치가 올랐다고 인정했을 때에는 가격이 인상되어도 판매량에 거의 변화가 없을 것이다. 그러므로 판매자는 상품 가치를 높이기 위해 항상 노력해야 한다.

반대로 가격 인하에 관해서는 원가 이하가 될 우려가 있으므로 가격 인하 시점과 인하 금액을 신중하게 검토해야 한다.

'저녁 5시 반 이후에는 반값'이라는 신선식품 가격 인하, 주말과 휴일에 한정된 가격 인하, 가격 개정에 따른 가격 인하 등 몇 가지 형태가 있는데, 팔다 남아서 폐기하기보다는 원가 이하로라도 전부 판매한다는 결단이 필요한 경우도 있다.

원청회사의 요구에 따라 무리한 가격으로 몇 년간 수주를 하고 있다거나 환율이 유리할 때 정한 판매가격으로 거래했지만 최근 들어 손실이 나오고 있다는 이야기를 종종 듣곤 한다. 아무리 하청이 원청에 비해 약한 위치라고 해도 정기적으로 가격을 재설정해야 하지 않을까? 그러니 교섭할 시점을 놓치지 않도록 하자.

이런 사례도 있다.

어느 제작회사에서는 고객의 요구에 응하여 다양한 디자인의 판촉물을 제작하고 있다. 어느 날 고객으로부터 '500만 엔 예산으로 이런 느낌의 판촉물을 만들어 달라'라는 대략적인 주문을 받고 그것을 바탕으로 판촉물을 제작했다. 그런데 완성품을 납품할 무렵이 되어 고객에게 다른 요구가 연이어 들어왔다.

과연 500만 엔이라는 판매가는 타당한 것일까?

이 회사에는 원가를 집계하는 시스템이 있긴 했지만 매일 작업 내용을 입력하지는 않았기 때문에 인건비 할당 계산을 대충 해서 그 일에 대한 정확한 원가를 알 수 없었다.

그러나 그 뒤 작업 일지를 매일 꼼꼼하게 입력함으로써 거의 정확한 원가를 알 수 있었다. 그러므로 앞의 사례를 다시 한 번 조사해보면 원가는 550만 엔으로 계산된다. 당초에는 실행예산 430만 엔에 70만 엔의 이익을 얹어서 500만 엔으로 하청을 받았는데 몇 번이나 수정작업을 했기 때문에 인건비가 추가로 들어가 50만 엔이나 적자를 내고 말았다.

이것은 큰일이다. 이런 일을 계속 허용하면 회사는 망한다. 원가 집계가 얼마나 중요한지, 수주금액(매출액)을 정할 때 예산안을 작성(채산 계산)하는 것이 얼마나 중요한지 알 수 있는 사례였다.

매출을 얼마나 올리면
목표이익에 도달할 것인가?

비용을 변동비와 고정비로 나누어본다

　매출과 비용(매출원가와 판관비)이 균형을 이루어, 딱 손익(영업이익)이 0이 되는 매출액을 손실과 이익의 분기점에 있다는 의미로 '손익분기점'이라고 한다.

　이것은 상품을 판매했을 때 이익도 나지 않지만 손해도 나지 않는 상태이다. 뒤집어 말하면 손익분기점의 비용이 어떤 상황인지 파악하면 매출을 얼마나 올려야 영업이익이 플러스가 될지 알 수 있다는 것이다.

　다만 손익분기점을 계산하려면 먼저 비용을 '변동비와 고정비'로 나누어야 한다는 점이 좀 번거롭다.

보통 손익계산서와 손익분기점을 구하는 손익계산서를 그림으로 나타내면 144쪽의 도표 19와 같다.

손익계산서는 먼저 매출액에서 매출원가를 차감하여 '매출총이익(이익)'을 내고 거기서 판관비를 차감하여 '영업이익'을 낸다.

손익분기점을 구하는 손익계산서의 경우에는 먼저 비용(매출원가와 판관비)을 변동비와 고정비로 나누고, 매출액에서 변동비를 차감하여 '한계이익'을 내고 거기서 고정비를 차감한 나머지가 '영업이익'이 된다.

간단히 말하자면 변동비는 매출에 비례하여 발생하는 비용을 말하며 고정비는 매출의 증감과 관계없이 발생하는 비용이다. 예를 들어 케이크가게의 재료비는 매출이 늘어난 만큼 추가로 구입해야 하므로 변동비이고 그 가게의 임대료는 매출이 0이어도 발생하기 때문에 고정비에 해당한다.

또 한계이익은 매출액에서 변동비를 차감한 금액으로, 150엔짜리 상품의 변동비가 100엔이라고 하면 여기서 한계이익은 50엔이다. 이 금액에서 고정비를 차감한 것이 영업이익이 되므로 이 금액이 클수록 이익에 공헌할 수 있다는 말이다.

변동비와 고정비로 나누는 방법은 여러 가지이지만 너무 어렵게 생각하지 말고 과목의 성격에 따라 분류하면 된다.

예를 들어 소매업이나 도매업의 경우, 외부에서 매입한 상품(매출

도표 19 **손익분기점을 구하는 손익계산서는 이 점이 다르다**

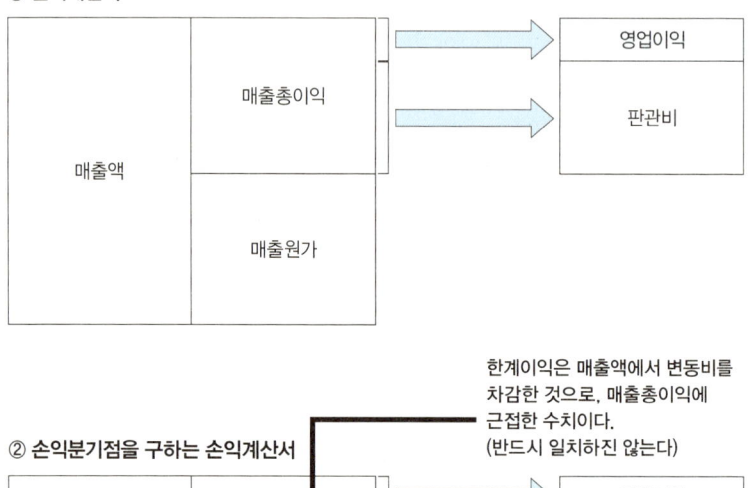

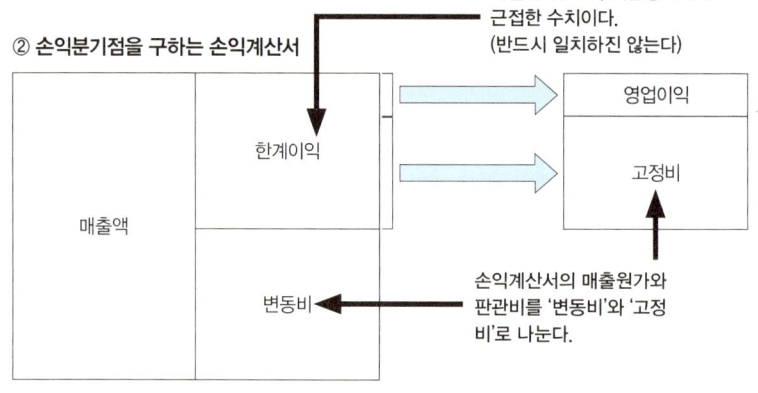

원가)은 전부 매출액에 비례하므로 변동비라고 보면 된다. 다음으로 판관비 중 제품 포장 및 자재비, 배송료, 판매수수료, 판매촉진비 등 매출과 비례하는 비용은 변동비지만 그 이외의 인건비, 감가상각비, 임차료, 리스료 등은 고정비다.

제조업과 요식업은 매출원가 중 원재료비와 외주비, 판관비 중 포장작업료, 배송료, 판매수수료, 판매촉진비 등을 변동비로 간주한다. 그 외, 즉 원가 중 노무비와 제조경비, 판관비 중의 인건비, 설비비 등은 고정비로 생각한다.

일반적으로는 사람을 고용하거나 사무실(가게)을 빌리거나 설비를 유지하기 위한 비용은 매출이 0이어도 발생하기 때문에 고정비로 생각한다. 다만 아르바이트 직원의 인건비는 매출에 비례하는 부분이 있으면 변동비로 간주해야 한다. '아르바이트 인건비의 반을 변동비라고 정의한다'라는 식으로 정하면 된다.

변동비와 고정비의 비율은 회사의 손익구조, 업종·업태에 따라 상당한 차이가 있겠지만 내가 생각하는 대략적인 이미지를 도표 20에 나타냈다.

도표 20 변동비와 고정비의 비율은 업계별로 다르다

	과목명	구성비(%)		
		변동비	고정비	합계
소매업·도매업	매출원가	100	0	100
	판관비	10	90	100
제조업·요식업	매출원가	70~80	30~20	100
	판관비	10~20	90~80	100

※ 대략적인 이미지를 나타낸 것이다.

손익분기점을 구하려면?

그럼, 여기서 비용을 변동비와 고정비로 나누었다고 하면 영업이익이 0이 되는 점, 즉 손실과 이익이 일치(분기)하는 매출액은 어떻게 산출할 수 있을까?

수식을 전개하여 손익분기점의 매출액을 구하면 오른쪽의 도표 21처럼 된다. 이것은 수학이 아니라 산수 수준이므로 부담 없이 도전해보자.

또한 경영계획 등에서 목표이익을 정했을 경우, 이 수식을 약간만 응용하면 그 목표에 도달하기 위한 매출액을 계산할 수 있다. 분자의 고정비(F)에 목표이익(R)을 더하면 된다.

수식은 다음과 같다.

$$S = (F + R) \div (1 - V \div S)$$

예를 들어 어느 제조업체의 고정비가 1억 5,000만 엔, 목표영업이익이 3,500만 엔으로 변동비율이 35%라고 하자. 이 식에 대입하면 '목표이익에 도달하는 매출액 = (1억 5,000만 엔 + 3,500만 엔) ÷ (1 - 0.35)'이므로 목표이익에 도달하는 매출액은 약 2억 8,500만 엔이다. 참고로 손익분기점은 약 2억 3,070만 엔이다.

여기서 문제를 하나 보자. 148쪽의 도표 22를 보기 바란다.

도표 21 손익분기점을 구한다

| 1 | 먼저 각 요소에 기호를 정한다.
매출액 = S 변동비 = V 고정비 = F |

⇩

| 2 | 손익분기점은 손익이 0이 되는 매출액이므로 다음과 같다.
S − V − F = 0 |

⇩

| 3 | F를 우변으로 이동한다.
S − V = F |

⇩

| 4 | 양변을 S로 나눈다.
(S − V)/S = F/S |

⇩

| 5 | 좌변을 전개한다.
1 − V/S = F/S |

⇩

| 6 | 좌변 전체와 우변의 분모를 치환한다.
S = F/(1 − V/S)
이것이 손익분기점을 구하는 식이다.
또한 우변의 분모에서 V/S는 변동비율을 말하며 분모전체인 1 − V/S는 한계이익률이다. 따라서 고정비를 한계이익률로 나눈 것이 손익분기점이 된다. |

⇩

| 7 | 기호를 원래 명칭으로 바꾼다.
손익분기점의 매출액 = $\dfrac{\text{고정비}}{1 - \dfrac{\text{변동비}}{\text{매출액}}}$ = $\dfrac{\text{고정비}}{1 - \text{변동비율}}$ = $\dfrac{\text{고정비}}{\text{한계이익률}}$ |

도표 22 A사와 B사의 손익분기점은 어떻게 다를까?

(만 엔)

	A사	B사
변동비율	30%	70%
고정비	5,000	5,000
목표이익	1,000	1,000

	A사	B사
목표이익에 도달하는 손익분기점	8,600	20,000

위의 사항을 손익계산서에 표시하면 다음과 같다.

	A사	B사
매출액	8,600	20,000
변동비	2,600	14,000
한계이익	6,000	6,000
고정비	5,000	5,000
영업이익	1,000	1,000

결과적으로 영업이익률은 다음과 같다.

	A사	B사
매출액 영업이익률	11.6%	5.0%

[문제] A사의 변동비율은 30%이고 고정비가 5,000만 엔, 목표이익은 1,000만 엔이다. B사는 변동비율이 70%이고 고정비와 목표이익은 A와 동일하다. A사와 B사의 목표이익에 도달하는 손익분기점을 계산하라.

정답은 A사가 약 8,600만 엔, B사가 2억 엔이다.

A사는 변동비율이 30%로 낮고 한계이익률(1-변동비율)은 70%로 아주 높으므로 목표이익에 도달하는 매출액도 8,600만 엔으로 낮게 설정된다. 반면 B사는 변동비율이 70%로 높고 한계이익률은 30%로 지극히 낮으므로 목표이익에 도달하는 매출액은 2억 엔으로 무척 높게 설정된다. 어떤 사업을 하든 이런 손익구조로 매출을 올리기란 아주 힘들 것이다.

지금 나온 '한계이익률'은 한계이익을 매출액으로 나눈 것으로 매출총이익에 가까운 수치다. 대략적으로 생각할 때는 매출총이익률로 바꾸어 생각해도 된다.

'매출총이익률을 어떻게 높일 것인가'와 '고정비를 되도록 낮춘다'는 것은 목표이익을 상회하는 매출액을 달성하는 데 대단히 중요한 사안이다. 손익구조가 다른 두 회사를 비교하면 이 점을 잘 알 수 있다.

상품 가격 할인은
어느 수준까지 용납할 수 있을까?

할인율 표를 만들어 계산해보자

매출을 늘리려면 적정한 원가로 고객이 선호하는 상품을 만들고 판관비를 투입하여 잘 판매해야 한다. 매출액에서 매출원가와 판관비를 차감하여 영업이익이 나면 좋지만 그렇지 않으면 적자가 나서 돈이 돌아가지 않는다. 어떤 상품이든 신선도가 있으므로 상품을 다 팔기 위해 오래된 상품은 가격 할인을 해야 할 때도 있다.

그러면 상품 가격 할인은 어느 수준까지 용납할 수 있을까?

상품 판매가가 매출원가와 판관비를 빼고 어느 정도의 영업이익이 나오는 금액, 즉 137쪽에서 말한 마크업된 금액으로 설정되어 있

도표 23 할인은 몇 퍼센트까지 용납할 수 있을까?

손익계산서	할인율							
	0%	10%	15%	20%	25%	30%	40%	50%
매출액	120	108	102	96	90	84	72	60
변동비	60	60	60	60	60	60	60	60
한계이익	60	48	42	36	30	24	12	0
고정비	30	30	30	30	30	30	30	30
영업이익	30	18	12	6	0	−6	−18	−30
변동비율	50%	56%	59%	63%	67%	71%	83%	100%
한계이익률	50%	44%	41%	38%	33%	29%	17%	0%
영업이익률	25%	17%	12%	6%	0%	−7%	−25%	−50%

※ 25% 이상 할인하면 영업이익이 나지 않는다. 그러나 다른 상품에서 고정비를 회수할 수 있다고 예상된다면 한계이익이 0이 되는 지점인 50%까지 할인이 가능하다.

다면 영업이익이 0이 되는 금액까지 할인할 수 있을 것이다. 그러나 그보다 더 할인을 하면 적자가 날 것이다. 할인을 검토할 때는 도표 23과 같은 표를 만들면 적정 수준을 파악할 수 있다.

표를 보면 알 수 있듯이 이 예에서는 영업이익이 0이 되는 것은 25% 할인이고 한계이익이 0이 되는 지점은 50% 할인이다. 어느 선까지 영업 손실을 각오하고 할인을 해서라도 전부 판매할 것인지 판단하기 쉽지 않다.

예전에 이런 일이 있었다.

내 사무실 근처에는 맛있는 이탈리안 레스토랑이 있다. 주방장이 이탈리아 요리점에서 일했다고 하며 모든 음식이 다 맛있었지만 가격이 비쌌다. 그리고 가게 위치가 좀 불편한 곳에 있었다. 그래서 언제 그 가게에 가도 항상 20~30% 정도 자리가 비어있었다.

그런데 반년 전부터 상황이 달라졌다. 메뉴 가격을 10~20% 내려서인지 예약을 잡기가 어려워졌다. 거의 매일 만석이고 밤에는 좌석 회전이 2회라고 한다.

이 예에서 알 수 있듯이 판매가를 10~20% 인하해도 고객 수가 30% 정도 증가한다면 아르바이트생을 더 고용하는 비용과 원재료비가 증가하는 비용을 계산에 넣어도 이익이 충분히 증가한다. 가격 인하가 매출 인상으로 이어진 좋은 예다.

변동비 계산을 기준으로 삼는다

어느 수준까지 가격 인하를 용납할지 판단하는 잣대로는 변동비 계산을 활용할 수 있다.

예를 들어 판매가 1,000엔, 변동비 400엔, 한계이익 600엔인 상품이 평소에는 매일 50개씩 팔린다고 하자. 그런데 판매가를 반값인 500엔으로 낮추면 2배인 100개가 팔린다고 가정한다. 이때의 손익은 어떻게 될까?

[가격 인하 전의 한계이익]

(판매가 1,000 - 변동비 400) × 50 = 3만 엔

[가격 인하 후의 한계이익]

(판매가 500 - 변동비 400) × 100 = 1만 엔

판매가를 반값으로 낮췄더니 놀랍게도 한계이익이 3만 엔에서 1만 엔으로 떨어졌다. 즉 2만 엔이나 줄었다. 반값으로 팔아서 동일한 이익인 3만 엔을 벌려고 하면 300개나 팔아야 한다. 따라서 가격 할인을 하지 않는 편이 좋다는 결론이 난다.

만약 수량을 50개에서 100개로 늘릴 경우, 박리다매 효과로 인해 변동비(재료비)가 200엔으로 낮아진다면 (500 - 200) × 100 = 3만 엔이라는 한계이익을 얻을 수 있다. 그러나 현실적으로 그렇게까지 비용을 절감하기는 어려우므로 이 경우에도 역시 반값 할인을 하지 않는 것이 좋을 듯하다.

항공회사, 영화관, 여관 및 호텔, 레스토랑 등의 업종은 특히 공석이나 공실이 나는 것을 싫어한다. 공석은 돈을 얻을 기회를 잃었다는 것과 동의어이기 때문이다. 게다가 공석이 되어도 드는 비용(대부분 고정비)은 똑같다.

그러므로 정규요금가로 많은 자리가 예약되어 있다면 '○○할인', '○○특전', '포인트 할인' 등 여러 가지 형태로 요금을 인하해서라도

나머지 자리를 메워야 한다. 몇 퍼센트 이상 자리가 예약된 상태이면 좋을지는 각 회사에서 손익분기점을 계산하여 판단하면 된다.

또한 신선식료품이나 계절상품도 가격 할인이 필요하다.

이런 상품은 보존·보관이 불가능하므로 선도가 유지되는 기간 내에 다 팔아야 한다. 팔리지 않는 재고를 갖고 있기보다는 빨리 처분하여 현금화할 필요가 있다. 신선식료품 매장에서는 매일 '타임세일'이 이루어지며 계절상품이라면 다음 시즌에도 팔릴 것 같은 상품(그런 상품이 있다면)을 제외하고 세일을 한다.

물론 정상적인 이익이 나는 정가로 판매하는 것이 가장 바람직하므로 판매 경로, 판매 방법, 판매 수량, 광고 선전 방법, 포장 방법 등을 꼼꼼하게 검토할 것을 권한다.

또한 부당한 할인 판매는 독점금지법으로 규제되어 있으므로 주의해야 한다. 채산성을 도외시한 가격으로, 즉 헐값으로 팔아서 고객을 확보하려 하는 것은 적정한 경쟁 상황에 악영향을 끼친다. 적절한 이유가 없으면 비정상적인 할인은 지양하도록 하자.

지급 능력이 불안한 고객에게 상품을 판매할 것인가?

무리한 수주는 자금운용을 어렵게 만든다

신규 고객에게 대량 주문을 받았는데 상대방이 제시한 지급 조건이 별로 좋지 않다고 하자. 이럴 때는 그 일을 받아들여야 할지 고민이 된다.

구체적인 예를 들어보자.

A사는 평소에 대당 몇만 엔인 제품에서 아무리 비싸도 몇 대에 100만 엔 정도인 제품을 수주하여 제조하고 있다. 그런데 신규 거래처가 총 5,000만 엔어치 제품을 발주했다. 그것도 판매한 달의 2개월 후에 매월 500만 엔씩 분할 지급한다는 조건이 달려 있었다.

A사의 기본적인 대금 회수 조건은 50만 엔 이하는 '다음 달 말 현금 입금', 50만 엔 이상은 '다음 달 말이 기한인 어음지급(2개월 사이트)'이었다. 그런데 이번 회수 조건은 그것을 훌쩍 뛰어넘었다. 과연 이 일을 수주해야 할까?

이 경우 3가지 논점에서 살펴볼 수 있다.

첫째로 신규 거래처이므로 '신용도를 판단'해야 한다. 거래상대가 상장기업이거나 신용조사 데이터 상에서 신용도가 높다고 판단되면 그렇게 판매해도 되겠지만 그렇지 않다면 개별적으로 추가 조사를 해봐야 한다.

그 회사를 방문하여 영업 상황을 살펴보거나 책임자와 면담하고 홈페이지를 확인한다. 또 과거에 문제가 없었는지 인터넷으로 검색하는 등 다양한 각도에서 확인해보자. 구입한 제품을 자사에서 사용할 것인지 아니면 다른 회사(국가)에 재판매할 것인지도 조사해야 한다.

두 번째는 첫 거래부터 대규모로 주문하는 것도 문제다. 몇 번 거래가 있고 나서 조금씩 주문량이 늘어났다면 5,000만 엔을 회수할 수 있겠다고 판단할 수도 있지만 그렇지 않으면 정확한 판단을 할 수 없다.

세 번째는 회수 조건이다. 평소의 회수 조건에 따르자면 '다음 달 말까지 어음 지급(2개월 사이트)'이 되므로 이번 조건과 비교할 때 판매한 달에서 4개월 뒤 이후의 분할지급인 총 4,000만 엔이 예외가 된다.

원래 '거래처와의 회수 조건'을 정해두는 목적은 '매입처에 대한 회수 조건'과의 균형을 잡기 위해서다. 회수기간이 짧고 지급기간이 길면 자금을 운용하기 편하지만 그 반대라면 상당히 힘들다.

이 예외 부분인 4,000만 엔은 분명히 자금운용에 악영향을 끼칠 것이므로 운전자금을 차입하게 될지도 모른다. 그렇다면 은행이 지급하는 이자에 상당하는 금리를 설정하여 분할 지급을 할 때 거래처에 청구해야 한다.

대손을 방지하기 위한 해결책

모든 논점을 해결하기 위해 이런 방책을 생각해볼 수 있다.

이 고객에 대한 '여신'을 책임자와의 면담, 신용조사와 실지조사 등을 통해 1,000만 엔으로 정했다고 하자. 그 경우 먼저 1,000만 엔분의 제품을 만들어서 납품한다. 그리고 실제로 다음 달 말에 현금으로 대금이 회수된다면 2개월 후의 월초에 그 다음 1,000만 엔분을 납품한다. 이런 식으로 5회에 걸쳐 납품하는 방법을 선택한다.

외상매출금을 회수하지 못해 대손이 발생하면 큰일이므로 이런 형태로 납품하여 회수 조건을 어떻게 할지 상세하게 정하고 계약서를 작성하고 나서 거래하도록 하자.

만약 당신 회사에서 100만 엔의 외상매출금을 회수하지 못해 대손이 발생했다면 어느 정도의 매출이 있어야 그 손실을 메울 수 있을까?

매출총이익률을 20%라고 가정했을 때 단순 계산하면 '100만 엔 ÷ 0.2 = 500만 엔'의 매출이 필요하다는 말이 된다. 그런데 500만 엔으로 손실을 메울 수는 있지만 회사 전체의 매출액 경상이익률은 대손이 발생하기 전보다 낮아지므로 사실은 손실을 완전히 메웠다고 할 수는 없다.

상세한 계산은 생략하지만 예를 들어 매출액 5,000만 엔, 매출총이익률이 20%, 매출액 경상이익률이 9%인 회사에서는 909만 엔의 매출을 올려야 100만 엔의 대손을 메울 수 있다. 정말 놀라운 일이다. 얼마나 여신관리가 중요한지 알 수 있다.

비용을 어떻게 줄여서
이익을 올릴 것인가?

이것이 비용 감축의 구체적인 대책이다

　이익을 올리려면 매출을 늘리는 것뿐 아니라 비용(매출원가와 판관비)을 줄여서 이익을 내기 쉬운 손익구조로 변경하는 것도 중요하다. 이익과 별 관련이 없는 비용이 서서히 증가하는 것은 종종 있는 일이다.

　일반적인 비용 감축 방법은 매출원가나 판관비의 모든 과목과 금액을 적는 것부터 시작한다. 이것은 월 시산표에서 뽑아오기만 하면 된다. 과목의 구체적인 내용과 12개월분의 금액 추이를 보면 다양한 점이 보인다.

제조업체라면 제조비용과 판관비 내용에 대해, 소매업이나 도매업이라면 매입원가와 판관비의 내용에 대하여 다음과 같은 관점에서 세세하게 확인해보자.

- 각 과목이 어떤 식으로 매출과 이익에 도움을 주는가?
- 각 과목의 금액이 효과 대비 타당한가?
- 아무 도움이 되지 않는 쓸데없는 비용이 발생하진 않았는가?

이 작업이 끝나면 비용 감축의 구체적인 대책을 세워야 한다. 구체적으로는 다음과 같다.

- 매입처 또는 거래처와 가격 협상을 하거나 거래를 중지한다.
- 원재료 조달처를 되도록 소수로 줄인다. 그와 함께 '매입 로트lot를 늘리면 단가를 낮출 수 있는가?', '그렇게 했을 때 재고 비용 부담 문제는 발생하지 않는가?', '제조방법을 바꾸면 낮은 원재료로 바꿀 수 있는가?'를 검토한다.
- 여러 종류가 있는 제품의 제조공정에서 기본설계나 부품을 공통화한다.
- 불량품을 재생하여 원료로 투입할 수 없는지, 다른 제품에 사용할 수 없는지 검토한다.
- 간접재·부자재·사무용품에 대해서는 비용 삭감과 예산관리를

철저하게 한다는 목적으로 구매 관리 시스템을 도입한다. 각 지점·각 사무소·각 관련회사에서 제각기 매입처에 발주하던 동일품의 발주를 최저가인 매입처로 통일한다.

- 기술혁신(신기술 도입, 제조법 변경, 원재료 변경)이 가능한지 모든 제조공정과 업무 프로세스를 검토하여 적용할 수 있는 곳을 모색한다.
- 판관비 중 불필요하거나 급하지 않은 지출을 중단한다. 예를 들어 명절 선물을 없애거나 거래처와의 회식을 최소한으로 줄이거나 저녁식사 이후의 접대를 그만두고 점심식사나 조식으로 변경한다.
- 범용품의 경우 현재 거래처와 가격 인하 협상을 하거나 최소한 2사 이상을 상대로 경쟁 입찰을 시행한다.
- 회의를 할 때 인쇄한 자료를 사용하지 않는다.
- 복사기 사용을 제한하기 위해 부서명과 사용자명을 알 수 있는 카운터를 설정한다. 복사기 대수도 최소한으로 줄인다.
- 불필요한 투자유가증권을 매각한다.
- 생명보험 계약을 재검토하여 필요 없는 보험을 해약한다.
- 유휴 토지 및 건물을 매각한다.
- 쓸데없는 임대 공간이 없는지 확인한다. 유휴임대물건을 반환한다.
- 비용 대비 효과가 낮은 광고 선전을 중단한다.

- 계좌이체로 지급되는 비용 중에서 사용하지 않는 거래를 중지한다(확인해보면 알겠지만 의외로 많다).
- 여비교통비를 전부 재검토한다. 얼굴을 마주 보고 하는 소통도 중요하지만 매일 모일 필요가 있는지, 화상회의나 전화회의로 충분하지 않은지 검토한다.
- 회의비를 줄이기 위해 더 단시간에 결론을 낼 수는 없을까? 모든 참가자의 인건비를 바탕으로 회의비 가치를 금액으로 환산해본다(일단 해보면 깜짝 놀랄 것이다).
- 사회보험료 삭감 컨설팅을 도입한다. 급여지급액을 바꾸지 않고 개개인의 사회보험료만 적정가로 바꾸어서 삭감한다.

이 밖에도 많은 방법이 있지만 강압적 명령과 협상은 지양하고 상대방을 배려하는 비용 감축, 즉 담당자나 거래처의 동의를 얻도록 힘쓰자. 사람들의 합의를 얻지 못한 채 억지로 밀어붙이면 일시적으로는 비용을 삭감할 수 있어도 얼마 안 가 효과가 없어질 것이다.

구매 및 지급 프로세스를 검토한다

사내에는 비용 감축 이전에 해결해야 하는 많은 낭비 요소가 존재하기도 한다. 그중 빈번하게 일어나는 것이 잘못된 구매와 지급이다.

내가 컨설팅하는 회사에서 외상매입금에 비정상적인 잔고가 발견되어, 상품의 매입 프로세스(발주 → 납품 → 검품 → 매입 계상 → 청구 → 지급)를 조사한 적이 있다. 그랬더니 청구서 금액 계산이 틀렸거나 잘못된 계약 단가나 할인 금액이 적용되지 않은 금액으로 계속 지급한 경우가 눈에 띄었다.

매입처에서 잘못하여 두 번이나 청구서가 발행되었는데 그대로 이중 지급하는 경우도 있었다. 몇 년간이나 매입처가 발송한 청구서 금액과 사내의 매입 계상 금액이 다른 경우가 많은 곳도 있었다. 말도 안 된다고 생각하겠지만 실로 많은 회사에서 이러한 일을 목격했다.

이런 경우에는 하나씩 원인을 파악하여 되도록 빨리 해결해야 한다. 때로는 매입처와의 협상도 필요하다. 과거의 일이므로 정정해달라는 요구에 응하지 않는 매입처도 많겠지만 꾸준하고도 강하게 협상해야 한다.

이럴 때야말로 구매와 지급 프로세스를 처음부터 재검토하면 어떨까? 그리고 어느 시점에서 어느 담당자의 작업을 어떻게 확인하면 오류를 막을 수 있는지 생각하여 승인이나 교차 확인 절차를 업무 속에 집어넣도록 하자.

직원 채용 시점과 인건비를
어떻게 할 것인가?

직원을 채용하면 채산이 맞을까?

직원을 채용할 때는 채용한 뒤에 채산이 맞을지 판단해야 한다. 사람을 채용함으로써 매출이 증가하여 인건비를 들여도 이익이 남는다고 예측된다면 채용해도 된다.

처음에는 아르바이트생을 쓰거나 인재파견업체에서 시험 삼아 고용하는 경우가 많다. 그러다가 그래도 손이 부족하고 책임감이 적다는 생각이 들면 본격적으로 정사원을 채용하는 단계에 접어든다.

어느 쪽이든 경영계획과 연동된 채용계획을 세워서 실행해야 한다. 예를 들어 '2016년 9월부터 매출액을 전년 동월 대비 10% 증대시

킨다. 이 계획을 달성하기 위해 6월부터 영업직 2명과 사무직 1명을 고용한다. 일인당 평균 월급은 35만 엔으로 설정하고 사회보험료·복리후생비·상여충당금·퇴직급여비용 등을 포함하여 45만 5,000엔 × 3명 = 136만 5,000엔을 매월 인건비로 6월부터 추가 계상할 예정이다'라는 식이다.

이로써 목표 영업이익을 낼 수 있다면 채용 활동을 시작하지만 그렇지 않다면 인원을 줄여서 조절해야 한다.

인재를 비용이라는 관점에서 바라본다

다음으로 인재를 비용이라는 관점에서 해석해보자.

그러면 매출액 변동에 상관없이 발생하는 고정비 중 가장 큰 항목이 바로 인건비라는 점을 깨달을 것이다. 사람을 채용하면 고정비가 부풀어 오르므로 다음 2가지 관점에서 생각하는 것이 중요하다.

첫 번째, 인건비는 고정비이므로 매출이 전혀 없어도 발생한다. 이 당연한 사실이 경영상 가장 큰 고민거리다.

소프트웨어 개발회사, 파견회사, 디자인 제작사처럼 사람의 노동에 따라 매출이 증가하거나 감소하는 사업에서는 어떻게 매월 균등하게 일을 수주하여 전 직원에게 균등하게 일을 배분하느냐가 관건이다. 특히 성수기와 비수기의 업무량 차이가 크면 월 매출과 이익이 크게 변동하여 자금운용과 노무관리를 하기 힘들어진다.

한편 소매업이나 요식업 등 고객을 기다리는 업종의 경우, 매출이 늘어날 듯한 시간대에 접객 담당자를 잘 배치하는, 즉 아르바이트생이나 단시간 근무 정사원 등의 인재를 확보하는 것이 성공의 비결이다.

두 번째 관점은 인건비에는 실로 다양한 경비가 포함되기 때문에 인건비 전체를 보면 직접 본인에게 지급되는 급여의 몇 배가 된다는 점이다.

구체적으로 살펴보자면 인건비에는 임직원 보수, 제수당, 사회보험료(회사 부담분), 복리후생비, 퇴직급여, 파견인건비 등이 포함된다.

그러므로 예를 들어 주임급 인재에게는 월 35만 엔을 지급할 경우, 꽤 많은 금액의 사회 보험료를 부담해야 하므로 실제로는 인건비로 50~60만 엔은 들어가는 셈이다(퇴직금제도나 교육연수제도 등 각 업체마다 차이가 있으므로 다 똑같진 않다).

은행에 입금되는 것은 급여총액에서 소득세와 지방세, 사회보험료(개인부담분), 그밖에 원천징수된 금액을 뺀 금액이므로 급여를 받는 본인은 정작 세후 금액밖에 관심이 없다. 세전 급여는 별로 신경 쓰지 않는 것이다.

한편 경영자는 그 세전 급여의 1.3~1.7배 정도의 인건비를 의식하며 경영해야 하므로 상당히 빠듯하다. '자식은 부모 마음을 모른다'는 말은 인건비를 가리키는 말로 해석될 정도다.

나아가 인건비 외에도 사람을 고용하면 추가 비용이 많이 든다. 예를 들어 컴퓨터나 소프트웨어 등의 사용료, 사무실 임대료 등 매월 발생하는 비용 외에도 인재 채용비, 교육연수비 등도 든다. 전부 합치면 급여(세전금액)의 2배 정도 드는 경우도 있으리라.

또한 직원 한 명당 임대료는 엄밀히 말하면 혼자서 점유하는 면적으로 계산하면 되지만 전체 사무실 임대료, 화재보험료, 리스료 등의 설비비 합계를 직원 수로 나누면 대략적인 금액을 계산할 수 있다.

이익을 직원에게 어느 정도 배분할 것인가?

자, 그렇다면 급여를 지불할 경우, 급여총액으로 얼마까지 지불할 수 있을까? 고졸, 대졸 등 학력에 따라 기준이 다를 수도 있겠지만 회사에 따라서도 지급 능력에 차이가 있다.

일반적으로는 매출과 이익이 큰 회사일수록 급여수준이 높다. 좀 어려운 표현을 쓰자면 매출액 인건비 비율, 일인당 부가가치액, 부가가치비율, 노동분배율이 높은 회사는 일인당 노무비와 인건비가 상대적으로 높다고 할 수 있다.

그러면 회사가 1년간 활동하며 벌어들인 이익은 누구에게 얼마나 배분해야 할까?

전 직원이 일하여 창출한 이익이라고는 해도 경영자와 직원끼리 나눌 수는 없다. 그 이익이 전부 노동의 대가는 아니기 때문이다.

돈을 출자해준 '주주'에게도 배당이라는 몫을 나눠줘야 하고 '회사' 자신에게도 향후 성장에 대비하는 자금을 남겨둬야 한다. 그러므로 '직원(임원 포함)', '주주', '회사'라는 3자에게 어떻게 배분할 것인지 생각하면 된다(실제로는 '세금'에도 배분하는 셈이 된다).

도표 24는 신규상장(IPO)을 한 매출규모가 작은 3사를 골라 부가가치액(인건비와 세금을 차감하기 전 이익)이 인건비에 어떻게 배분되었는지 계산한 것이다. 회사의 부가가치 중 인건비가 점유하는 비율은 '노동분배율'이라고 하며 적정 인건비를 구할 때의 지표로 활용된다.

A사, B사, C사는 각각 부가가치에서 69%, 50%, 80%를 직원(인건비)에게 배분했다. 즉 3사의 노동분배율은 부가가치의 절반이거나 그 이상으로 높은 편이고 그 대신 회사에 유보한 이익 비율은 작은 편이었다.

170쪽의 도표 25는《2013년 조사 중소기업 실태 기본 조사를 근거로 한 중소기업의 재무제표》(중소기업진단협회편, 동우관)에서 3가지 업종을 선택하여 평균값을 이용해 계산한 것이다.

앞의 3사는 신규상장회사이므로 매출액 경상이익률은 상당히 높지만 중소기업은 적자인 곳도 많으며 당연히 매출액 경상이익률도 꽤 낮은 편이다. 그 때문에 노동분배율이 높을 것이라고 예상하긴 했지만 종합공사업이 93%, 정보서비스업이 93%, 요식업이 96%로 상상 이상으로 높아서 놀랐다. 전체적으로 부가가치의 90% 이상인 금액을 직원에게 배분하고 있다.

도표 24 이익의 몇 퍼센트를 직원에게 배분했는가?(IPO를 한 3사의 예)

(만 엔)

과목명	등식	A사 서비스업	B사 서비스업	C사 농림수산업
매출원가에 포함된 노무비	①	0	63,478	74,908
판관비에 포함된 인건비	②	39,804	53,920	25,283
인건비 합계	③ = ① + ②	39,804	117,398	100,191
세전 이익	④	17,687	117,652	25,755
인건비 및 세전 이익	⑤ = ③ + ④	57,491	235,050	125,946
직원에게 분배되는 몫	⑥ = ③ ÷ ⑤	69%	50%	80%
법인세·주민세·사업세	⑦	7,784	48,804	5,596
세금에 분배되는 몫	⑧ = ⑦ ÷ ⑤	14%	21%	4%
배당금	⑨	0	9,606	889
주주에게 분배되는 몫	⑩ = ⑨ ÷ ⑤	0%	4%	1%
배당금 공제 후 당기순이익	⑪ = ④ - ⑦ - ⑨	9,902	59,242	19,270
회사에 분배되는 몫	⑫ = ⑪ ÷ ⑤	17%	25%	15%

참고				
	매출액(만 엔)	134,918	806,733	372,386
	매출액 경상이익률(%)	13.1	14.7	7.0
	그룹 전체의 종업원 수(명)	59	324	197
	모회사 종업원의 평균연간급여(만 엔)	570	515	345

※ 3사는 2011~2013년에 신규상장한 회사이고 수치는 IPO를 신청한 시점의 수치다.

독자 여러분도 자사 이익이 어떤 식으로 직원과 세금, 주주, 회사에 배분되고 있는지 계산해보자. '이렇게 많이 직원에게 배분되는구나' 하고 깜짝 놀랄 것이다.

도표 25 이익의 몇 퍼센트를 직원에게 배분하고 있는가?(중소기업의 예)

(만 엔)

과목명	등식	종합공사업	정보서비스업	요식업
매출원가에 포함된 노무비	①	2,316	3,329	103
판관비에 포함된 인건비	②	1,930	4,399	2,835
인건비 합계	③ = ① + ②	4,246	7,728	2,938
세전 이익	④	324	579	128
인건비 및 세전 이익	⑤ = ③ + ④	4,570	8,307	3,066
직원에게 분배되는 몫	⑥ = ③ ÷ ⑤	93%	93%	96%
법인세·주민세·사업세	⑦	173	233	54
세금에 분배되는 몫	⑧ = ⑦ ÷ ⑤	4%	3%	2%
배당금	⑨	0	0	0
주주에게 분배되는 몫	⑩ = ⑨ ÷ ⑤	0%	0%	0%
배당금 공제 후 당기순이익	⑪ = ④ - ⑦ - ⑨	152	346	74
회사에 분배되는 몫	⑫ = ⑪ ÷ ⑤	3%	4%	2%

참고	매출액(만 엔)	26,728	16,876	9,385
	매출액 경상이익률(%)	1.6	3.5	1.2
	평균 종업원 수(명)	11.4	17.5	17.8

※ 1. 하기 자료에는 배당금이 기재되지 않았다. 실제로 중소기업에서 배당을 시행하는 회사는 아주 소수이므로 배당금을 0으로 계산했다.
※ 2. 자료 출처 《2013년 조사 중소기업 실태 기본 조사를 근거로 한 중소기업의 재무제표》(중소기업진단협회편, 동우관)

이익 증가와 급여 인상은 양립할 수 있다

경영의 목적이 이익의 극대화라고 하면 그에 정면으로 대립하는 것이 임금 인상(인건비 증가)이다. 얼핏 생각해도 인건비가 증가한 만큼 이익이 감소한다는 계산이 나온다. 이익과 인건비의 동시 증가는 이율배반적이며 경영의 영원한 과제일지도 모른다.

다만 아르바이트생이나 계약직 직원의 정직원화를 추진하거나 급여체계를 바꿔서 대우를 높이면 직원들의 근로 의욕이 올라가 이직률이 감소하고 고객서비스 질도 높아져서 결과적으로 매출과 이익이 증가할 수 있는 것은 사실이다.

그러므로 두 목적이 상호 모순되었다고만 생각하지 않고 동시에 달성하기 위해 다양한 방책을 실행하면 반드시 두 마리 토끼를 잡을 수 있을 것이다. 경영자라면 급여체계 정비와 정기적인 임금인상을 진지하게 검토하기 바란다.

급여체계를 정비할 때는 인사평가의 기준을 설정해야 하며 2~3년간 찬찬히 검토해야 한다. 회사의 미래가 달린 중요한 경영 과제이기 때문이다.

재고를 줄여야 하는가, 늘려야 하는가

재고에 대한 견해는 부서별로 다르다

'재고를 적게 뒀더니 상품이 금방 팔린 탓에 없어서 못 팔았다', '재고를 더 많이 보유했어야 했다'고 반성하는 일이 종종 있다.

반대로 재고가 너무 많으면 과잉 생산(과잉 매입)이라는 군살이 생겨나 결국 부동재고 → 체류재고 → 불량재고로 명칭이 바뀌어간다. 이렇게 되면 평가손실을 해야 하므로 현금흐름에 악영향을 미친다.

적정재고로 어느 정도의 수량과 금액이 타당한지 검토하고 생산(매입) 조정과 연계된 재고관리를 해야 한다.

판매 채널이 직영점 하나라면 재고관리를 하기 쉽겠지만 프랜차이즈, 백화점, 도매상 등에 매각하거나 통신판매, 아울렛 등 다양한 곳에 재고가 있으면 어디에 어느 정도의 유통재고(당사에서는 매출이 완료된 재고라 해도 그것들을 포함하여)를 보유하고 있는지, 잘 팔리는 재고와 팔리지 않는 재고가 어느 정도인지, 반품 리스크는 어느 정도인지를 항상 파악해야 한다. 예기치 않은 리스크가 숨어 있을지도 모르기 때문이다.

적정재고를 검토할 경우, 사내 부서에 따라 재고에 대한 견해가 다를 수도 있으므로 주의해야 한다. 원래 사업 활동의 입구에서 출구에 이르는 업무를 몇 가지 부서로 나누어 분업하는 이상, 재고를 줄여야 할지 늘려야 할지로 부서 간 의견이 대립하는 것이 당연하다.

그런 의견 대립은 부서별 미션이 다르기 때문이다.

제조부서는 예산을 짰을 때의 계획대로 효율적으로 제조함으로써 조업도를 안정시키고 싶어 한다.

영업부는 팔리지 않는 죽은 재고는 내버려두고 잘 팔리는 재고를 제조부가 즉시 추가 생산해주길 바란다.

회계부서는 재고회전기간(재고가 매출액의 몇 개월분 있는지 측정하는 지표)이 정해진 기준치를 초과하면 '재고를 줄여달라'고 제조부나 영업부에게 요청한다. 또 부동재고나 체류재고에도 신경을 쓰고 할인을 해서라도 빨리 재고를 처분하여 자금을 회수하거나 팔리지 않으면 폐기하라고 재촉한다. 회계부서의 미션은 현금흐름 안정화와 유동화이므로 재고는 '돈이 잠자고 있는 상태'로만 보이는 것이다.

사내에서 의견이 대립하는 것은 부정행위와 오류를 방지하는 효과가 있지만 그 대립이 언제까지나 합의되지 않으면 비즈니스를 추진할 수 없다. '정론'이 있고 그에 대한 '반론'이 나와서 정론의 약점을 보완한 뒤 더욱 질 높은 '합'의가 이루어지고, 그 합의를 근거로 행동한다는 '정·반·합'의 과정이 무척 중요하다. 특히 논의에 참여한 사람들 전원이 이 논의를 듣고 이해하여 수긍한다는 점에서 효과적이다.

재고가 늘어나면 세금이 늘어난다

단순히 재고 금액 증감에만 초점을 맞추면 기말재고가 늘어났을 때 이익이 증가하여 예상보다 많은 세금이 부과되므로 주의하자.

도표 26에 간단한 예가 나온다.

A패턴과 B패턴에서 매출액, 기초 상품재고, 상품매입액은 동일하지만 기말 상품재고만은 다르다. 어떤 재고가 남았는지는 차치하고 B는 A보다 재고가 100만 엔 많다는 뜻이며 매출총이익도 100만 엔 많아진다. 그 영향이 세전이익에까지 미치면 납부해야 하는 세금은 B가 30~40만 엔이나 많아진다.

절대 있어선 안 되는 일이지만 상장기업의 부정회계 방식으로 많은 것이 가공의 매출 계상, 비용 이연 계산(차기 이후로 비용만 미뤄둔

도표 26 기말재고가 늘어나면 세금이 늘어난다?

(만 엔)

손익계산서	A패턴		B패턴	
매출액		10,000		10,000
매출원가				
기초 상품재고	540		540	
상품매입	6,180		6,180	
기말 상품재고	470	6,250	570	6,150
매출총이익		3,750		3,850

> 기말재고가 100만 엔 증가하면 매출총이익도 100만 엔 증가한다.
> 그 결과 세금을 더 많이 납부해야 한다.

다)과 더불어 부풀린 재고 계상과 재고 평가손 미계상이라는 재고에 관련된 부정이다.

　회계감사의 눈을 피했다 해도 2~3년 뒤에 과다 이익 계상으로 인한 세금 납부가 부메랑처럼 돌아오거나 매출이나 재고를 부풀려 계상한 탓에 발생한 체류채권이나 체류재고를 충분히 설명할 수 없게 된다. 현금흐름도 부자연스러워진다. 그때 분식회계가 발각되어 거액의 손실을 계상하여 결국 상장폐지가 되는 경우도 종종 있다.

　과거의 수많은 분식결산 사건을 보지 않아도 부정회계는 언젠가 반드시 폭로된다는 것을 알 수 있다. 윤리의식을 갖춘 비즈니스맨이라면 절대로 하면 안 되는 행위다.

제4장

목표달성을 위해 '회계 PDCA'를 실행하라

지금 바로
회계에
눈을 떠라

회계적 사고로 PDCA 사이클을
실행하는 것이 목표를 달성하는 지름길

PDCA 사이클을 실행할 때 필요한 2가지 질문

경영에는 이렇게 하면 반드시 성공한다는 정답이 없다. 경영자들도 시행착오를 거듭하여 성과를 내고 있다. 이를 뒤집어 말하면 시행착오를 거듭하는 것이 정답을 향한 길이라는 말이다.

그러면 어떻게 시행착오를 하면 효율적으로 목표에 다가갈 수 있을까? 그것은 우직하게 PDCA 사이클을 실행하는 것이다.

다음 쪽의 도표 27처럼 PDCA 사이클이란 계획을 세우고Plan, 행동하고Do, 계획치와 실적치의 차이를 검증하고Check, 개선하며 행동하여Act 성과를 높여가는 일련의 업무 매니지먼트 방법이다. PDCA

도표 27 PDCA

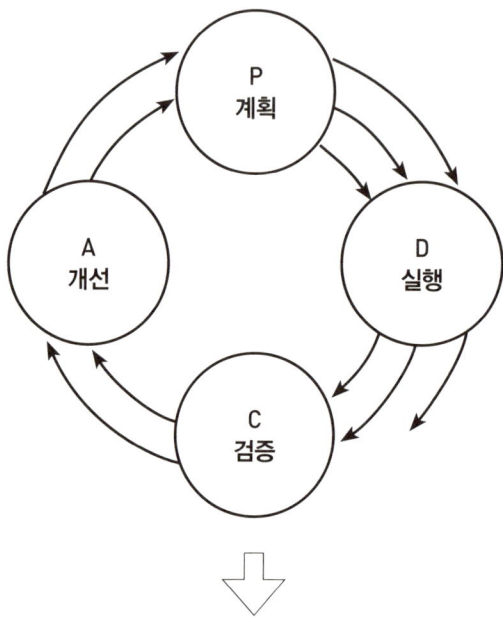

PDCA 사이클은 한 번 실행하면 끝이 아니라
다음 사이클로 이어지므로 끝나지 않는다.

사이클은 한 번 실행하면 끝이 아니라 다음 사이클로 넘어가 계속된다. 사이클을 타고 끝없이 돌아가는 것이다.

PDCA를 어떤 빈도로 실행할지는 내용과 범위, 깊이에 따라 다르지만 일반적으로 월간회의나 주간회의를 중심으로 실행한다.

예를 들어 영업회의가 매주 열린다고 하면 금주의 회의에서 정한 행동계획과 목표금액(P)에 따라 영업활동을 실행(D)하고 다음 주 회의에서는 계획과 실적의 차이를 검증(C)한다. 목표금액의 90%밖에 달성하지 못했다면 왜 달성하지 못했는지 검증하는 것이다. 그리고 그 결과를 받아서 개선책(A)을 실행한다.

이때 2가지 질문을 던져보자. 그것은 '고객에게 도움이 되는가?'와 '회계적 사고를 하고 있는가?'라는 질문이다.

첫 번째 '고객에게 도움이 되는가?'는 고객 지향 여부를 확인하는 것이다. 회사는 고객을 항상 의식하지 않으면 '조직 논리'를 앞세우기 쉬워지고 결국 고객의 목소리와 점점 멀어지기 때문이다. 이것은 제조부와 영업부뿐 아니라 회계와 총무 등 간접부문에도 해당된다.

다음의 '회계적 사고를 하고 있는가?'는 제1장에서 말했듯이 그 사업의 수익구조와 현금 수지 구조(Cash Flow 구조), 이 2가지를 동시에 의식하여 이익과 현금을 어떻게 증가시킬지 생각하여 행동하는 것이다. '2가지 구조를 동시에 생각하는' 이유는 매출이 올라 이익이 나도 고객에 따라 회수 조건이 달라지기도 해서 돈이 금방 수중에 들어오진 않기 때문이다.

당신은 PDCA 사이클을 실행할 때 고객을 생각하는가? 회계적 사고를 하는가? 이 관점은 자신의 일을 재검토하는 계기가 되며 성과에 대한 관점을 명확하게 해주는 역할도 한다.

얼마나 자주 실행할 것인가?

PDCA 사이클을 무조건 자주 실행하는 것이 능사는 아니다. 매주인지 매월인지는 업무효율을 감안하여 정해야 한다.

한 상사의 지점에 근무하는 영업사원 A군은 수십 사에 이르는 담당고객과의 교섭이 어느 정도로 진척되었는지 나타내는 '수주확정도 4단계 정보'를 매주 4시간을 들여 만들고 지점 전체의 것을 정리해서 본사 영업본부에 보내곤 했다.

영업 진척관리는 본사의 예산관리상 물론 중요하지만 과연 매주 상당한 시간을 들여 본사에 보고할 의미가 있을까?

어느 날 회사 전체에서 '업무 현황 파악' 운동이 진행되었고 이 작업이 문제시되어 월 1회 보고로 전환되었다. 덕분에 매주 4시간씩 들여 작성했던 자료도 3회분은 필요 없어져서 합계 12시간이나 다른 업무에 집중할 수 있게 되었다. 회사 전체의 영업사원 수를 생각할 때 상당한 시간이 절약된 셈이다.

참고로 이 월 1회의 자료도 기업 내용 등을 검토하여 3시간 반 만에 만들 수 있었다. 본사의 영업본부에서도 월 1회가 수주 상황을 더 쉽게 파악할 수 있다며 높은 평가를 받았다. 업무를 근본부터 재검토하여 개선된 좋은 예다.

그러면 예를 들어 경영자가 각 업무에 어느 정도의 빈도로 PDCA 사이클을 실행해야 타당한 걸까? 의사결정은 신속하게 이루어져야 하지만 모든 PDCA 사이클을 고속회전시키는 것은 비효율적이다.

경영이념이나 인사제도처럼 전 직원에게 숙지시킬 필요가 있거나 운용 성과가 나오기까지 시간이 걸리는 것에 대해서는 몇 년에 한 번 검토하는 것이 바람직하다. 한편 경영전략에 연관된 업무는 항상 변

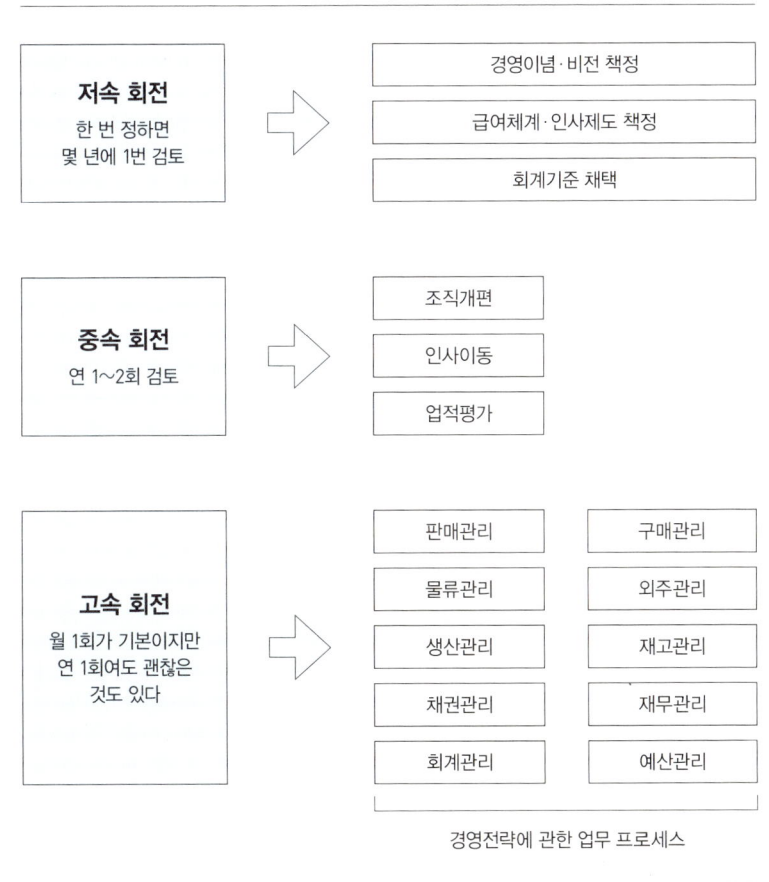

도표 28 경영자 PDCA 사이클 실행 속도는?

화에 신속하게 대응해야 하므로 고속회전시키는 편이 바람직할 것이다. 183쪽의 도표 28을 참고로 하자.

PDCA 3종 세트 1 : 일단 '월 재무제표'를 작성하자

월 재무제표는 '회사의 성장 기반'이 된다

    상장기업은 보통 매월 임원회의(이사회 등)를 하지만 많은 중소기업은 그렇지 못하다.

    그러나 중소기업 역시 중요한 의제가 없어도 매월 1회는 임원회의를 해야 한다. 임원회의는 전월의 경영성적을 신속하게 확인하여 매출과 이익이 예산(목표)에 도달하지 못했다면 '왜 도달하지 못했는가?'를 검증하여 앞으로 어떤 수단을 이용할지 '논의하는 장'으로써 지극히 중요하기 때문이다.

    그 임원회의의 자료로 필수적인 것이 월 재무제표다. 1년에 한 번

본결산에 쓰이는 재무제표는 '연 재무제표'라고 불리며 주주와 금융기관 등을 대상으로 한 설명 자료가 된다. 한편 매월 작성하는 재무제표는 '월 재무제표'라고 하며 회사의 성장 기반이 된다.

예를 들어 이 월 재무제표 실적이 예산 대비 10% 이상이나 밑돌았다고 하면 적절한 대책을 시행함으로써 회사를 위기에서 구할 수 있다. 매출을 늘리기 위해 판매촉진활동을 하고, 입금이 늦어지는 외상매출금을 재촉하여 회수하거나, 빠듯한 운전자금을 은행에서 차입하는 등 다양한 수단을 적시에 쓸 수 있다.

반대로 매출과 이익이 예산 대비 10% 이상 웃돌았다면 재빨리 적절한 대책을 시행하여 매출과 이익을 더욱 증진할 수도 있다.

여기서 주의해야 할 것은 월 재무제표를 배부하는 시기다.

중소기업에서는 고문 세무사나 회계 담당자가 작성한 7~8쪽이나 되는 월 재무제표(재무상태표와 손익계산서 상세 자료)를 그대로 복사하여 배부하는 경우를 종종 보게 된다. 그중 '자금운용 실적표'가 첨부되어 있으면 그나마 나은 편이고 예산과 실적 비교표, 세그먼트별(상품별, 거점별 등) 매출액과 영업이익, 주요 경영분석지표 등이 첨부되어 있는 회사는 별로 없다.

책의 말미에 수록된 부록의 '월 결산보고서(예시)'처럼 A4 용지 1장으로 월 재무제표의 주요 정보를 전부 훑어볼 수 있는 것이 바람직하다.

다음 달 5일까지 만드는 것이 원칙

월 재무제표가 완성되는 시점이 언제냐고 물었을 때 '고문 세무사에게 맡겨둬서 다음 달 20일경에야 됩니다'라는 이야기를 종종 듣는다. 하지만 그래서는 너무 늦다.

월 재무제표 배부가 늦어지면 전월 실적이 나쁜 경우에는 제때 적절한 대처를 하지 못하여 상황이 점점 악화된다. 반대로 실적이 좋아도 더 높은 실적을 올릴 수 있는데 미적거리다가 그 기회를 놓칠 수도 있다.

월 재무제표는 월말에 마감하여 다음 달 5~6일까지는 작성해야 한다. 그러려면 월 결산이 늦어지는 원인을 파악하여 신속하고 정확하게 결산을 마치는 시스템을 정비해야 한다.

이렇게 말하면 경영자 여러분께서 '우리 회사에는 경리가 한 명뿐이라 그렇게 빨리 할 수 없어요'라고 말씀하실 것 같다. 하지만 '월 결산이 늦는 원인'을 조사해보면 실은 회계 담당자의 인력 문제가 아닌 경우가 대부분이다.

- 영업부가 월말 마감인 청구서를 다음 달 4일 이후에 거래처에 우송한다.
- 구매부에서는 당월에 매입한 원재료의 단가가 월말까지 정해져 있지 않은 것이 많다.

- 외주관리부에서는 당월말까지 발주하여 입고한 부품 계약이 월말까지 끝나지 않은 경우가 있다. 부품 금액이 결정되지 않았으므로 원가계산을 할 수가 없다.
- 월말재고가 항상 다음 달 5일이 넘어서 확정된다.
- 야근수당 계산이 월말 마감이므로 집계가 늦어져 다음 달로 넘어간다.
- 가지급금 정산이 다음 달 3일 후에나 된다.

이렇게 회사 곳곳에 늦어지는 원인이 숨어 있기 때문에 회계 담당자의 노력만으로는 결산을 신속하게 하기 힘들다. 대부분 회계 담당자 이외의 현장직원의 사무 처리 속도가 느린 것이 원인이므로 이런 부분을 전부 개선해야 한다.

지금 열거한 업무의 마감일을 예를 들어 월말에서 25일로 바꾸고 월말까지 계약이나 내용 확인을 끝내도록 하면 월 재무제표에 제대로 반영할 수 있다. 물론 연도 말 결산만은 기말일(월말)에 마감하면 된다. 정확도를 떨어뜨리지 않으면서 처리 속도를 높이는 방법은 얼마든지 있다.

사장이 '월 결산 조기화' 프로젝트를 내걸고 전 부문에서 결산이 늦어지는 원인을 규명하여 그 개선책을 세워야 한다. 이미 여러 회사가 그런 활동을 전사적으로 실시하여 그 시기를 1주일 이상 앞당겼다.

그러므로 여러분의 회사에서도 꼭 도전해보기 바란다.

PDCA 3종 세트 2 : 회사가 성장하면 '사업부별 손익표'를 작성하라

사업이 하나뿐이라면 알기 쉽지만…

회사 사업이 하나밖에 없다면 그 사업의 손익구조가 그대로 손익계산서에 나타난다. 매출액부터 영업이익까지의 금액을 구성비로 나타냄으로써 손익구조를 쉽게 알 수 있고 그것을 어떻게 변경하여 이익을 늘릴 수 있는지 쉽게 파악할 수 있다.

다음 쪽의 도표 29를 살펴보자. 매출액을 100이라고 하면 매출원가는 54, 매출총이익은 46, 판관비는 45, 영업이익은 1(매출액 영업이익률 1%)이다. 이것이 손익구조의 '실적'이다.

다음으로 손익구조의 '목표'를 세운다. 예를 들어 '영업이익을 8(영

도표 29 단일 사업의 손익구조는 목표를 세우기 쉽다

손익계산서	재무제표상 금액 (천 엔)	손익구조 (실적, %)	손익구조 (목표, %)	차
매출액	162,590	100	100	–
매출원가	87,925	54	50	−4
매출총이익	74,665	46	50	+4
판관비	74,470	45	42	−3
영업이익	2,195	1	8	+7

매출원가를 '4%', 판관비를 '3%'만큼 비용을 낮추면
목표 영업이익률인 8%가 된다

업이익률 8%)로 올리겠다!'는 식이다. 그 정도로 높은 목표를 세워야 사업을 성장시킬 수 있다. 사업을 성장시키려면 적자는 절대로 피해야 하고 높은 이익률을 목표로 해야 하기 때문이다.

목표 달성을 위해 매출원가를 54 → 50, 판관비를 45 → 42로 줄인다. 이것들은 제조공정과 구매흐름(절차 및 승인흐름), 판매흐름 등을 과감하게 수정하지 않으면 불가능하다.

만약 가능하다면 상품 가격 인상에 의한 매출액 신장도 고려할 수 있다. 그렇게 되면 현 구조에서 매출액이 100 → 107로 올라 영업이익률 8%를 달성할 수 있다. '그게 말이 되냐'고 하지 말고 고객이 수긍할

만한 '품질, 디자인, A/S 향상'을 실현하는 가격 인상에 도전해보자.

때로는 원가가 올라서 할 수 없이 상품 가격을 인상하는 경우도 있다. 그럴 때도 비용 감축과 품질 향상을 동시에 실현할 수 있다면 영업이익률 8%를 달성할 수 있지 않을까.

이처럼 단일사업인 경우, 손익계산서에서 구성비를 검토하면 목표를 수월하게 세울 수 있다.

손익계산서에는 나타나지 않는 각 사업의 구조를 파악하라

그런데 회사가 성장하여 수억, 수십억 엔의 매출을 올리게 되면 사업을 여러 분야로 확장하는 경우가 많다. 하나의 사업에 의존하는 '외다리 타법'으로는 안정적인 경영을 하기 힘들기 때문에 두 번째, 세 번째 사업을 키우는 것이다.

이렇게 여러 개의 사업이 존재할 때는 사업부별로 손익계산서를 만들어서 관리하지 않으면 어느 사업부가 수익을 내고 있고 어느 사업부가 손실을 보고 있는지 알 수 없다. 이때 효과적인 것이 '사업부별 손익표'다. 사업부별 성적을 월별로 파악하여 그것을 매월 쫓아가면 전 부서를 합계한 손익계산서에는 나타나지 않았던 사업부별 손익구조를 파악할 수 있다.

사업부별 손익표는 사업부별 매출액에서 매출원가와 판관비(39쪽에서 나온 직접비)를 차감하여 공헌이익을 내고, 거기에서 본부의 판관비(공통비)를 각 사업부 매출액 비율로 나눈 판관비를 차감하여 사업부별 영업이익을 낸다. 공헌이익이란 매출액에서 직접비를 차감한 것으로 앞에서 말한 한계이익과는 구분된다.

이 사업부별 손익표를 보면 각 사업부의 매출액을 100으로 잡았을 때의 구성비, 특히 영업이익의 크기뿐 아니라 영업이익률의 크기를 비교하여 사업부별 우열을 분명히 가릴 수 있다. 이 성적표를 근거로 어느 사업부에 얼마나 자금과 직원을 투입해야 하는지 판단한다.

예를 들어 '신규 사업부가 만 3년이 지나도 적자이고 영업이익도 영업이익률도 개선되지 않을 경우에는 폐지한다' 등의 규정을 정한다. 그렇게 하면 아직 문제가 커지지 않았을 때 개인감정을 집어넣지 않고 사업을 접을 수 있다.

평소에 보는 사업부별 손익표는 매출액, 매출원가, 매출총이익까지만 기입된 것이 많지만 사업부별 판관비와 공헌이익, 본부 판관비 및 영업이익까지 내는 것이 더 뛰어난 판단 자료가 된다.

사업부별 손익표를 작성하는 법은 부록에 상세하게 나와 있다.

PDCA 3종 세트 3 : 평가 기준인 KPI를 설정하자

KPI는 목표달성을 위한 필수 아이템

KPI는 'Key Performance Indicator'의 약자로 핵심성과지표라고 번역된다. 이것은 목표에 대한 달성도를 측정하기 위한 수치이며 PDCA 사이클을 실행할 때의 평가 기준이 된다. 목표에 따른 KPI를 몇 가지 설정하고 정기적으로 그 수치를 확인하여 개선하면 목표를 효율적으로 달성할 수 있다.

KPI는 회계수치에서 뽑아내는 것이 많지만 특별히 정해진 수치가 있진 않으므로 목표에 맞추어 적절한 것을 선택하면 된다.

예를 들어 변호사나 세무사가 '수주량을 늘린다!'는 목표를 세웠을 경우, 사이트 방문자 수, 문의 건수, 상담 건수, 수주 건수 등의 수치가 주로 이용된다. 사무실 웹사이트를 방문한 사람들 중 몇 명이 문의했는지, 그중 몇 명이 상담을 하러 와서 최종적으로 몇 명이 주문을 했는가. 각각 인원수를 확인하면 어떤 프로세스를 개선하여 수주수를 늘리면 되는지 알 수 있다.

그러면 가장 잘 이용되는 KPI는 무엇일까?

그것은 '예산'이다. 연도 예산을 월별로 배분한 월 예산, 사업부별 예산, 거점(지사 또는 지점)별 예산 등 여러 가지가 있지만 KPI에는 일반적으로 손익계산서의 매출액, 매출총이익, 영업이익이 자주 쓰인다.

이 수치들을 볼 때는 제1장에서 말했듯이 예산과 실적의 차이를 계산하거나 구성비와 변화율을 확인한다.

나는 손익계산서의 각 과목 수치를 직원 수로 나눈 수치를 KPI로 설정할 것을 권한다.

예를 들어 '일인당 연간(월간) 매출액'이 그것이다. 매년(매월)의 추이를 살펴보기만 해도 다양한 내용을 알 수 있다. 소프트웨어개발업체에서는 이 수치의 전년대비(또는 전년 동월 대비)를 계산하는 경우가 종종 있다. 그러면 '일인당 수주 금액이 얼마 감소했다', '일인당 수주 금액이 얼마 증가했다', '직원의 평균청구단가가 증가했다' 등을 한눈에 알 수 있어서 수월하게 대책을 세울 수 있다.

또 '일인당 연간매출총이익'은 소매업의 생산성을 측정하는 중요한 지표이고 '일인당 연간인건비'는 업종에 상관없이 중요한 KPI다.

인건비와 매출액을 조합한 KPI, 예를 들어 '일인당 연간매출액'을 '일인당 연간인건비'로 나눈 수치도 이용된다. 이 수치를 보면 '작년도는 급여의 3.1배의 매출을 올렸는데 올해는 2.9배밖에 안 된다'는 식으로 파악할 수 있다.

그밖에 소매업의 '매장면적의 평당 월별 매출액(월평효율)', '기존 점포 매출액의 전년 동월 대비', 편의점의 '점포당 일일 내점 고객 수', 여관이나 호텔 등의 '만실률', 운송업의 '개당 배송비', 인터넷 통신판매의 '페이지뷰', '성약률', 물류업(배송, 창고내)의 '출고지시서당 행단가(비용)', '결품률', '오誤출고율'은 잘 쓰이는 지표이다.

슈퍼마켓이나 가전제품 판매점은 고객의 '계산대 대기 시간'을 단축하는 것도 서비스 과제 중 하나이므로 이것도 KPI로 설정할 수 있다. '고객만족도 조사'도 대단히 효과적이다. 한편 인사 관련 KPI로 대표적인 것이 '직원만족도 조사'다. 경영자나 경영간부가 실시하는 '다면평가제(인사의 공정성과 객관성을 확보하기 위해 평가주체를 다양화하는 인사 평가제도-옮긴이)'라는 지표도 있다.

야마토운송의 독특한 KPI

일본에서 가장 큰 택배업체인 야마토운송의 창시자 오구라 마사오의 저서《야마토 성공법》에는 택배사업을 시작했을 때의 고생담이

연이어 나온다. 그 책을 읽으며 대단하다고 느낀 점이 있다. 오구라 씨가 '택배사업의 서비스 수준을 수치로 파악할 수 없을까?'라는 의문을 가진 것이다.

매일 집하센터에 도착한 물건들 중 다음날까지 배달 완료되지 않은 건수를 조사하여 퍼센트로 표시한다. 전국의 지역단위별로 세로축에는 출발지, 가로축에는 도착지를 기입하고 출발지역과 도착지역의 총 개수 대비 다음날까지 배달 미완료된 개수를 각 칸에 백분위(%)로 표시한다. 이 서비스 수준표를 매월 발표해서 어느 지역에서 출발하여 어느 지역에 도착하는 수치가 낮은지 조사한 뒤 개선하게 했다고 한다. 그야말로 '눈으로 보는 경영'의 실천이자 서비스 수준의 효율을 높이도록 개선한 KPI이다.

KPI는 그것이 어떤 일이든 업무를 하면서 달성도를 몸소 느낄 수 있고 관계자에게 전달할 수 있는 지표다. KPI로 설정할 수 있는 것과 없는 것이 따로 있지 않으므로 당사자들이 실제로 써먹을 수 있는 수치를 KPI지표로 삼아보자.

계획(P)에 따라
성패가 결정된다

목표를 낮게 잡지 마라

PDCA 사이클을 실행할 때의 첫 단계가 '계획Plan 세우기'다.

이 단계의 핵심은 목표를 반드시 숫자로 나타내야 한다는 것이다. 숫자가 없는 말뿐인 목표는 계획을 실행하는 사람들이 쉽게 이해하지 못한다. 반면 매출·이익 등의 회계수치는 회사 상황을 정확하게 나타내는 사실이므로 명료하게 전해진다.

또 숫자가 없는 목표는 앞으로 몇 미터를 달리면 목적지에 도달하는지 알 수가 없는 상태나 마찬가지다. 항상 목표에 대한 달성도를 파악하기 위해서도 객관적인 숫자가 필요하다.

여기서 주의해야 할 점은 목표치를 낮게 설정해서는 안 된다는 것이다. 예를 들어 매출액 3~5% 성장 예산을 만드는 회사도 있는데 그렇게 평범한 목표치는 목표가 아니다. 설령 안정적인 성장을 지향한 것이라 해도 오히려 기세가 꺾이는 경우가 대부분이다. 기존 방식을 그대로 답습하여 수비하는 데 급급해지기 때문이다. 되도록 높은 목표에 도전해야만 길이 열리기 마련이다.

목표에서 역산하여 계획을 세운다

목표치를 정했다면 다음에는 목표에서 역산하여 계획을 세운다.

예를 들어 현재 매출액이 5억 엔, 경상이익이 3,000만 엔(경상이익률 6%)인데 이 수치들을 10년 뒤에 매출액 100억 엔, 경상이익 8억 엔(경상이익률 8%)으로 올리고 싶다고 하자. 불가능한 일이라고만 생각하지 말고 잘 읽어보자.

이 경우, 먼저 10년 뒤에서 역산하여 2년 뒤, 1년 뒤에 매출액과 경상이익이 얼마나 필요한지 생각한다.

먼저 단순한 식을 이용해 매출액만 생각해보자. 매년, 전년대비 135%로 성장했다고 하면 5억 엔 × 1.35의 10배이므로 10년 뒤 매출액은 100억 5,328만 엔이다. 단순 계산한 것이지만 이로써 100억 엔을 향해 몇 걸음 나아갔다고 할 수 있다.

다음으로 1년 뒤와 2년 뒤의 매출목표를 만든다. 1년 뒤에는 5억 엔 × 1.35 = 6억 7,000만 엔, 2년 뒤는 6억 7,500만 엔 × 1.35 = 9억 1,125만 엔이 된다. 기억하기 쉽게 1년 뒤의 매출목표를 7억 엔, 2년 뒤를 9억 5,000만 엔으로 잡자.

1년 뒤의 계획은 손익계산서 과목별로 금액을 정하고 계절적 변동 등을 고려하여 월별로 배분한다. 1년째는 손익구조를 바꾸지 않고 진행한다고 가정할 경우, 1년 뒤 경상이익은 매출액 7억 엔 × 6% = 4,200만 엔이다. 2년 뒤에는 이익률을 약간 높이는 구조로 변경하여 매출액 9억 5,000만 엔 × 6.5% = 6,200만 엔으로 늘어날 것이라고 가정한다. 자, 목표 수치가 더욱 구체적으로 느껴지지 않는가?

이런 식으로 계획을 짜면 목표치를 달성할 확률이 높아진다.

행동 계획은 '5W2H'로 정한다

목표 수치를 정했으면 다음에는 '5W2H'로 행동계획을 정한다. 5W2H는 '언제When, 어디서Where, 누가Who, 무엇을What, 왜Why, 어떻게How'인 5W1H에 금액How much을 추가한 것이다.

이것으로 계획에 관련된 각 담당자의 과제를 명확하게 하고 목표 달성 의식을 고취시킬 수 있다. 계획을 중단하지 않기 위해서라도 되도록 상세하게 정하면 좋다.

나는 첫 4가지(언제, 어디서, 누가, 무엇을)는 정했지만 '왜, 어떻게, 얼마', 이 3가지가 빠져 있는 경우를 종종 봤다.

그러나 그 일이 '왜' 필요한지 설명하지 못하면 담당자는 충분히 수긍하지 못한 상태에서 일하기 때문에 의욕이 솟지 않는다. 그리고 '어떻게' 할 것인지 구체적인 행동을 설명하지 않으면 잘못되거나 쓸데없는 방식으로 일하게 되어 계획 자체가 틀어질 수도 있다. 마지막으로 '얼마'는 전체 자금계획에서 그 업무에 얼마를 사용할지 분배하지 않으면 비용이 끝없이 부풀어 오를 우려가 있다.

이 계획 단계에서는 관련 부문과 조정하는 과정이 꼭 필요하다.

예를 들어 어느 제조업체에서 신제품을 발매하게 되어 그 제품을 열심히 생산하고 있었다. 그래서 새로운 창고를 지어 신제품을 보관할 공간을 확보해야 했는데 제조부에서 물류부에 깜박하고 그 이야기를 전달하지 않았다. 물류부 예산표에는 창고비용이 포함되어 있지 않아서 신제품이 완성되고 나서야 문제시된 것이다. '그렇게 어이없는 일이 있을 리가 있나'라고 생각하겠지만 현실은 소설보다 기묘한 일이 종종 일어난다.

그러니 상하뿐 아니라 좌우 방향으로도 촘촘히 소통하여 만전을 기하자.

경영계획을
어떻게 세우면 좋을까?

경영계획은 3가지 시나리오를 써둔다

뜬금없는 질문이지만, 경영계획은 하나만 세워두면 될까?

그게 번거롭지 않아서 좋긴 하다. 그러나 성과를 내려면 공격, 중립, 수비라는 3가지 시나리오를 써두어야 한다. 현실은 어떻게 변화할지 알 수 없는 법이므로 각 시나리오에 현실이 가까워졌을 때를 위해 미리 준비해둬야 한다. 계획의 본질은 위험 회피이기 때문이다.

예를 들어 매출이 예상을 훌쩍 뛰어넘었을 때는 상품 출하가 주문을 따라잡지 못해 고객의 신용을 잃을 우려가 있다. 반대로 예상보다 낮을 때는 차입금을 상환하지 못하거나 재고가 남아돌 위험이 있다.

그런 사태에 재빨리 대응할 수 있도록 준비해야 한다.

제대로 준비하면 매출이 호조일 때는 추가생산 및 추가발주를 해서 매출을 더욱 증대할 수 있다. 매출이 저조할 때는 더 이상 악화시키지 않는 방법이나 빨리 바닥을 치고 회복하는 방법을 즉시 실행할 수 있다.

인터넷이 보편화된 요즘에는 상상을 뛰어넘는 양의 주문이 밀려드는 일이 실제로 일어난다. 그 징후가 나타나면 곧바로 대응할 수 있도록 다양한 상황을 고려하여 모든 관계처가 긴급 시에 어디까지 대응할 수 있는지 확인해야 한다.

내년도 경영계획을 세운다

1년간의 경영계획(예산)을 세울 때는 먼저 매출예산(판매계획)을 출발점으로 잡는다. 매출액을 품종별, 거래처별, 영업거점별, 사업부별로 나누고 계절에 따른 변동을 고려하여 매월 매출 목표치를 계산한다.

일반적으로 매출예산을 위한 매입 예산(상품매입계획)까지는 많이 세우지만 거기서 더 이상 나아가지 않는 경우가 많다. 즉, 각 월말 재고 예산 작성을 하지 않는 경우다. 매출·매입의 추이에 따라 재고 공간, 작업효율, 물류방법 등을 강구해야 한다.

또한 월 경비 예산을 세운다. 제조업체는 원가계산서의 과목별로 예산을 만든다. 그리고 예정 재무상태표, 월별자금운용 예정표도 만들어야 한다.

본래 예산서는 다양한 계획서(영업경비계획, 설비투자계획, 정보시스템 개발계획, 인원계획 등)와 방침이 차이가 나거나 모순점이 발생하지 않도록 모든 요소를 망라하여 만들어야만 의미가 있다. 그 자료들의 관계를 도표 30에 나타냈으므로 참고하기 바란다.

도표 30 1년간 경영계획서(예산서)의 내용은?

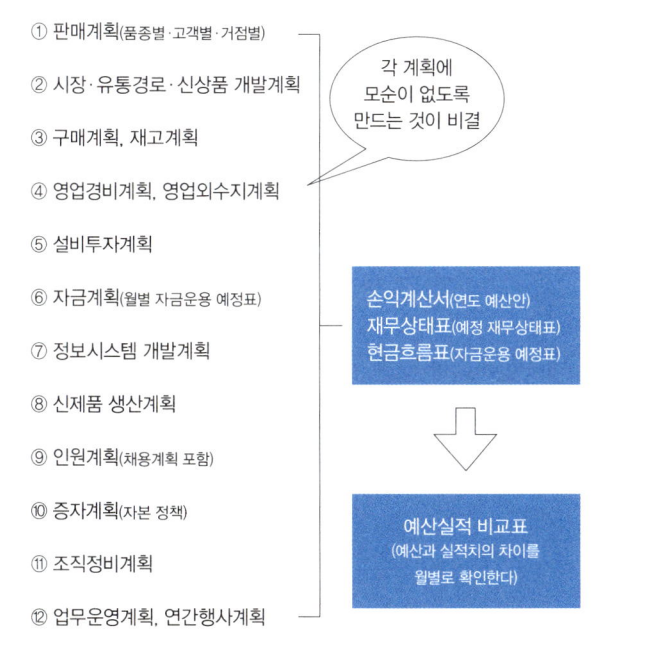

중장기 경영계획을 세운다

다음은 중장기 경영계획에 대한 이야기다.

3년에서 5년 정도인 중장기 경영계획은 거의 대부분 손익계산서 계획밖에 세우지 않는다. 그것도 고작 매출액, 경상이익, 기업규모(고객 수, 점포 수, 거점 수, 종업원 수)를 수치화하는 정도다.

그러나 사업에 쓰이는 재고, 외상매출금, 외상매입금, 차입금, 나아가 총자산이 3년 뒤, 5년 뒤에 어느 정도 늘어날지 신경이 쓰이지 않는 것일까? 본래는 3년 뒤, 5년 뒤의 '예정 재무상태표'를 작성하여 자산과 부채, 자본의 상황을 확인해야 한다. 그 자료를 근거로 재무분석을 해보면 어떻게 해야 효율적으로 기업이 성장할지 알 수 있다.

만약 매출액이나 당기순이익의 성장률(전년대비)보다 총자산 성장률(전년대비)이 높다면 자산이 효율적으로 활용되고 있지 않은 '비만형 성장'일 수 있다. 차입금 증가나 불량재고 증가에 따른 총자산 팽창이 우려되기 때문이다. 이럴 경우에는 어떻게 하면 근육형 성장을 이룰 수 있을지 검토해야 한다.

한 도매업체 사장이 불량재고를 잔뜩 끌어안은 상태에서 내게 찾아왔다. 불량재고의 원인은 판매계획을 세우는 방식 때문인 듯했다.

'지금까지 고객별과 제품별, 이렇게 2가지 판매계획을 세워서 실행했다'는 사장에게 나는 "각각 어느 부서가 판매계획을 세웠습니까?"라고 물었다.

그러자 사장은 "고객별 판매계획은 본사 영업부가, 제품별은 본사 구매부가 각각 예산을 짜서 각 지점에 지시했습니다. 영업부는 고객별 매출을 증대한다는 목표를, 구매부는 제품별 이익률을 높인다는 목표를 갖고 있죠."라고 대답했다. 이것은 한 배에 선장 2명이 타고 각각 다른 방향으로 노를 젓고 있는 것이나 마찬가지이므로 회사가 목표로 하는 방향으로 나아갈 수가 없다.

아마도 각 지점에서는 두 부서의 요구를 충족시키기 위해 대량 발주(상품 매입)를 했을 것이다. 그것이 매년 반복되자 불량재고가 산더미처럼 쌓이고 말았으리라. 나는 이렇게 조언했다.

"본사 영업부와 구매부가 협력해서 제품별을 가로축에, 고객별을 세로축에 놓은 매트릭스표를 작성하고 서로 정합성이 있는 판매계획을 만들게 하십시오. 그것을 각 지점에 전달해 각 지점에서 판매 전략을 검토하면 실행하기 쉬울 겁니다."

부분에 집중해서 예산을 세우면 어느 한 곳에 구김이 가기 마련이니 전체를 고려하며 예산을 세우도록 하자.

실행(D)을 방해하는 요인을
어떻게 제거할 것인가?

예기치 못한 장애물을 흡수하자

    PDCA 사이클의 두 번째 단계는 '실행$_{Do}$'이다.

    앞에서 세운 계획을 바탕으로 예정대로 실행할 수 있으면 좋겠지만 비즈니스에서는 100% 계획대로 진행되는 일은 없다고 봐야 한다. 아무리 용의주도한 계획을 세워도 계획에서 누락되었거나 예상 밖의 일이 터지기 때문이다.

    실행 단계에 접어들었는데 타부서와 조정이 잘 되지 않거나 결원이 생겨 예산 달성이 어려워지거나 고객이나 상사가 갑자기 급한 업무를 맡기는 등 현실에는 여러 가지 일이 일어난다. 불운을 한탄하기

보다는 그런 위험에 어떻게 대처할지 생각해야 실행력이 향상된다.

종종 있는 일이 현재 프로젝트에 전념하고 싶은데 상사로부터 다른 일이 주어지는 것이다. 이럴 때는 일의 우선순위를 바꿔야 한다는 괴로움 때문에 당황하기 마련이다.

하지만 당황하지 말고 이성적으로 대처하는 것이 중요하다.

우선, 상사에게 자신의 일정을 설명한 뒤 정중하게 부탁해보자.

'이러이러한 상황에서 일을 하고 있기 때문에 갑작스럽게 새로운 일이 들어가면 프로젝트 기한을 지키지 못해 예정보다 늦어지게 됩니다.'

이렇게 해서 상사가 수긍한다면 얼마나 좋겠는가. 하지만 그렇게 일이 돌아가지 않는 경우가 훨씬 많다.

그러므로 새로운 일이 끼어들어도 당황하지 않도록 어떤 일을 하더라도 '새로운 일이 갑자기 던져진다면 지금 하는 일을 일단 중단할 수 있는가?'를 미리 머릿속으로 시뮬레이션해둬야 한다.

또는 커다란 일을 미리 몇 가지 공정으로 분해(모듈화)해두면 한 공정이 끝나고 다음 공정으로 건너가기 전에 새로운 일을 끼워 넣을 수 있다. 그렇게만 해도 돌발적인 업무가 던져졌을 때 당황하지 않고 더 많은 업무량을 받아들일 수 있을 것이다. 이 대처법은 공장에서 계획대로 제조라인을 가동하고 있을 때 돌발적인 일을 어떻게 집어넣을지 생각하는 것과 마찬가지다.

어느 쪽이든 예상 밖의 일이 들어오면 '실행을 방해하는 요인을 어떻게 제거할 것인가?'를 생각하기보다 '실행을 방해하는 요인을 어떻게 흡수할 것인가?'를 생각하도록 하자. 그래야 결과적으로 시간을 덜 잡아먹고, 그 뒤의 일을 원활하게 진행할 수 있다. 이런 어려운 문제를 해결할 때마다 자신이 한 단계 업그레이드되었다고 느낀다면 그것이 바로 성장했다는 증거다.

참고로 계획 단계에서 상정했던 조건이 변했을 경우에는 그 즉시 수정안을 세워서 실행하자. 언제까지 무엇을 실행할지 그 결과를 어느 시점에서 보고할지도 정해야 한다. 당신이 리더라면 추가로 '누구와 누구를 조합하여' '각각 어떤 역할을 분담하여' 실행할지도 판단해야 한다.

전체를 고려하여 생각하고 실행한다

계획을 세우는 단계에서 이것저것 생각하는 것은 무척 중요하지만 막상 실행 단계가 되어도 행동하지 않는 경영자나 비즈니스맨이 종종 있다. 귀찮아서인지 위험이 두려워서인지 모르겠지만 실행하지 않는 것은 처음부터 생각하지 않은 것이나 마찬가지다. 이것이야말로 시간과 돈 낭비다.

생각하고 또 생각하고 종이에 구멍이 뚫릴 만큼 생각하고 자신이 그 대상물로 바뀔 만큼 생각해서 어떤 결론을 내렸다면 그 다음에는 주저 없이 자신감을 갖고 실행해야 한다. 생각했던 시간만큼의 인건비를 돈으로 환산하면 상당한 금액일 것이다. 그 이상의 성과를 얻지 못하면 적자가 난다는 말이다. 회사는 몇 년간 적자가 계속 나면 파산하고 만다.

또 하나 실행단계에서 중요한 것은 그 실행에 투입한 '시간'과 '성과'의 관련성을 항상 생각해야 한다는 것이다. 100% 철저하게 실행하느냐 80% 완성도에서 마치느냐에 따라 걸리는 시간이 전혀 다르다.

그 일을 100% 실행했다고 해서 예상했던 100%의 성과를 얻는다는 보장은 없다. 오히려 프로젝트의 전체 일정을 부감해보면 80%의 완성도 단계에서 마치는 편이 프로젝트가 더 원만하게 진행되어 최종적으로 더 높은 성과를 내는 경우도 있다.

부분에 집중하는 것과 전체를 고려하는 것은 다르다. 항상 전체를 고려하며 실행해야 한다.

검증(C)을 통해
문제점을 찾고 대책을 세운다

계획과 실적의 차이를 확인하자

PDCA 사이클의 세 번째 단계는 '검증Check'이다.

이 단계에서는 계획에 근거하여 실행한 결과를 정기적으로 확인한다. 그리고 계획과 실적에 차이가 있으면 그 원인을 검증하여 개선책을 세운다.

먼저, 월 예산을 목표로 하는 경우를 생각해보자.

월말에 마감한 월 재무제표를 바탕으로 재무상태표와 손익계산서의 각 과목의 실적치를 추려 그것을 예산 수치와 비교한다. 그리고 금액에서 5% 이상 차이가 있는 과목에 대해 하나씩 '왜 이런 차이가 나는지' 생각한다.

　예를 들어 전월 매출예산이 5,000만 엔인데 실적이 4,600만 엔이라면 매출이 400만 엔 부족(8% 차이)한 원인을 조사한다. 그 결과 '예정했던 B사의 매출 600만 엔이 다음 달로 미뤄진 것'이 주요 원인이었고 그 외에는 거의 예상대로 매출액을 올렸다면 별 문제가 없다. 반대로 '매출총이익이 높은 상품이 계획보다 적게 팔려서'가 원인이라면 '왜 예상보다 적게 판매되었는지' 파악하여 신속하게 개선책을 세워야 한다.

　187쪽에서 말했듯이 월 재무제표는 다음 달 5~6일까지 완성하는 것이 바람직하다. 재무제표 작성이 늦어지면 신속하게 대책을 강구하지 못해 매출과 이익이 더욱 떨어지기 때문이다. 실적이 좋을 때도 실적을 더 많이 올릴 방법을 실행할 기회를 잃을 수도 있다. 월 재무제표 작성이 늦는 회사는 작성일을 앞당기는 체제를 전사적으로 정비해야 한다.

분석 시 주의할 점

　예산과 실적에 큰 차이가 났지만 사실은 월 재무제표 작성에 익숙하지 않아서 '예산이 잘못되어 있는' 경우가 있다. 이는 예산 관리를 막 시작한 회사에서 종종 일어나는 일이다.

매출의 계절성 변동을 예산에 반영하지 않았거나 유형자산세 납부시기를 고려하지 않았거나 경영계획 발표회 비용을 다른 월에 계상했거나 공장설비 정기수선비가 들어가는 달을 잘못 기입했다거나 등등이다. 이런 경우에는 분석표에 그 점을 주석으로 기입하여 내년도 예산을 짤 때는 실수 없이 반영하도록 하자.

또 사업 내용에 따라서는 '매월 상세하게' 그 차이를 분석해도 효과가 별로 없는 경우도 있다. 예를 들어 영업에서 수주에 이르기까지 몇 개월이 걸리는 사업이다. 하청공사, 플랜트·설비·기계장치제조, 정보시스템 구축 등이 이에 해당한다. 연합 또는 경쟁 입찰 형태의 사업도 그렇다.

이것들은 매월 매출예산을 짠들 대부분 그 달의 앞뒤로 미끄러져 계상되기 일쑤고 실주를 하여 매출이 아예 0이 되는 일도 있다. 이 경우에는 매월이 아니라 분기별(3개월)로 끊어서 분석하는 것이 효과적이다. 그렇다고 분기별 분석만 하면 된다는 말은 아니다. 매출이 앞뒤로 어긋나는 것은 어쩔 수 없는 일로 받아들이고 그 원인을 너무 깊이 캐지 말고 매출과 비용과의 관계에 초점을 맞추어 매월 분석하도록 하자.

또 하나 주의할 점은 수치상으로는 예산과 실적에 거의 차이가 없지만 실적 내역이 크게 다른 경우다.

예를 들어 한 회사에는 '예산과 실적 차가 5% 이상인 과목은 그 원인을 예산실적분석표에 기입하라'는 규정이 있었다. 광고선전부장은 전월 광고선전비의 차가 1%밖에 나지 않았으므로 예산실적분석표에 아무것도 기입하지 않았다. 물론 임원회의에도 보고하지 않았다.

그런데 당초 계획했던 광고(A안)와는 전혀 다른 광고(B안)를 했다는 사실이 3개월 뒤에 판명되어 광고선전부장은 사장의 질타를 받아야 했다.

"왜 B안으로 바뀐 것을 보고하지 않았나. 어쩐지 고객의 반응이 별로 없었어!"

어떤 이유가 있어서 방법을 바꾸었다면 적어도 임원회의에서 제대로 보고했어야 했다. 얼핏 보기에는 아무 문제가 없었지만 실제로는 문제가 있는 사례였다.

여담이지만 일본의 유명한 검객 미야모토 무사시가 남긴 말 중 다음과 같은 명언이 있다.

"병법에서 주목할 점은 크고 넓게 보는 것이다. 관觀과 견見의 두 관찰법에서 관(관찰)의 눈을 강하게 하고 적의 동작을 보는 견의 눈을 약하게 하여 먼 곳을 가까이 보고 가까운 곳을 멀리 보는 것이 병법의 요점이다."《무사시와 오륜서, 쓰지모토 요津本 陽》

미야모토 무사시는 검술에서 외관을 보는 '견의 눈'보다 본질을 꿰뚫는 '관의 눈'을 키우는 것이 중요하다고 했다. 이것은 검술 세계뿐 아니라 비즈니스에도 통용되는 말이다.

무엇이든지 수치화하는 후쿠오카의 회사

일본의 후쿠오카 지역에는 '수치가 상사다'라는 사내 문화 덕분에 13년 만에 매출을 15배로 늘린 '트라이얼컴퍼니'라는 디스카운트스토어(유통업체)가 있다(《닛케이BizGate》, 2015년 7월 15일).

'수치가 상사다'는 무엇이든 수치로 판단하는 것을 말하며 수치는 모든 종업원의 상사라는 뜻이다. 상품의 좋고 나쁨 등 어떤 것을 판단할 때는 반드시 수치를 보고 수치로 설명해야 한다. 상품이 최근의 판매 트렌드에 부합하는지 아닌지는 매출액(점포별과 상품별)이나 구매자 수 그래프를 통해 확인한다. 모든 종업원이 이 점을 공통적으로 인식하고 있다.

그야말로 수치로 알기 쉽고 정확하게 평가하고 다음에 취해야 할 행동을 결정하는 검증의 올바른 예다.

'무엇이든 수치화하여 그 변화를 관찰한다'는 비즈니스를 원활하게 실행하기 위한 최상책이다. 대상을 수치화하면 행동에 따라 그 수치가 변화하여 결과를 정량적·객관적으로 파악할 수 있기에 반성할 점과 개선할 점이 구체적으로 보이기 때문이다.

개선(A) 성과를
높이기 위해 알아둘 점

인과관계를 파악한다

    PDCA 사이클의 네 번째 단계는 '개선Action'이다.
    계획(P)을 세워서 실행(D)하면 계획과 실적의 차이를 대조하며 그 원인을 검증(C)하고 곧바로 개선책(A)을 실시한다. 이 PDCA 사이클을 경영자뿐 아니라 전 직원이 적시에 적확하게 실행하면 강인한 회사로 거듭날 수 있다. 여기서는 개선 포인트를 짚어보겠다.
    여러분은 개선 성과를 높이려면 무엇에 주력해야 한다고 생각하는가?
    비즈니스뿐 아니라 모든 일에는 반드시 '원인'과 '결과'가 있다. 그 원인과 결과를 이어주는 '인과관계'를 정확하게 파악하는 것이 개선 성과를 높이는 포인트다.

어느 문제점에 대해 '이런 목적으로 이런 행동을 했는데 철저하게 실행되지 않아 이런 결과가 났다'는 인과관계가 밝혀졌다고 하자. 그러면 '다음에 어떻게 수정(개선)하면 이렇게 될 것'이라는 예상을 할 수 있다. 만약 결과가 생각보다 좋지 않더라도 결과에 도달하는 과정에서 어디를 어떻게 개선해야 할지 파악하면 다른 방법을 강구할 수 있다.

좋은 개선책은 좋은 보고에서 태어난다

어느 지점의 영업부 관리자가 경영회의에서 다음과 같이 매출 보고를 했다고 하자.

"전월에는 C상품이 예산 대비 20개, 판매가로는 75만 엔이 덜 팔린 것이 실적 저하의 주요 원인이었고 당 지점에서는 전체 82만 엔이 미달인 456만 엔을 매출액으로 올렸습니다."

이런 보고는 판매 결과를 나열하는 것에 지나지 않으며 매출액이 예산에 미치지 못한 원인을 설명하지 못한다. 예산과 실적에 차이가 난 원인이 C상품 배송이 늦어져서인지 상품은 충분히 있었지만 홍보 부족으로 소비자가 인지하지 못한 것인지에 따라 대처 방식이 달라진다. '왜 팔리지 않았는가'의 인과관계를 분석하지 못하면 다음에 어떤 수단을 쓰면 될지 알 수가 없다.

이런 식으로는 회의에 참가한 사람들이 질문할 마음도 생기지 않을 것이다. 질의응답이 없으면 좋은 결론에 도달하지 못한다. 원래 회의에서 발표를 하는 목적은 양질의 문답을 거침으로써 참가자의 수준을 높이고 좋은 해결책을 모색하여 의사결정을 하는 것이다. '정·반·합'의 논의가 더 좋은 대안을 만드는 데 효과적이라고 앞에서도 설명했듯이 말이다.

예를 들어 관리자가 앞의 말에 이어서 다음과 같이 발언했다면 어땠을까?

"유력한 체인점의 고객을 대상으로 C상품의 판매 이벤트와 워크숍을 이달에 3번이나 개최했지만 타사 제품보다 뛰어난 점을 명확하게 설명하지 못해 매출목표를 달성하지 못했습니다."

그러면 '어떤 식으로 고객을 끌어모았는가?', '판매 이벤트나 워크숍을 하는 방식이 적절했는가?', '그 행사장을 방문한 고객의 진정한 수요는 무엇이었는가?'라거나 'C상품의 이점을 일목요연하게 정리해서 전달했는가?', '왜 3번밖에 개최하지 못했는가?'라고 질문할 수 있다.

또한 '판매 이벤트나 워크숍 개최에 관한 표준 양식이 확립되어 있는가? 없다면 표준 양식부터 작성하자!'라고 양질의 해결책을 찾아낼 수 있을지도 모른다. 다른 지점에서 효과적이었던 양식을 전수받을 가능성도 있다. 이런 모든 시나리오가 개선책의 사례다.

C상품이 타사상품보다 더 뛰어나고 합리적인 가격이며 그 점을 고객에게 정확하게 전달했고, 판매방법도 적절하다면 예산 이상으로 상품이 판매되었을 것이다.

이렇게 인과관계를 명확히 분석할 수 있으면 어디를 어떻게 수정하면 될지 알 수 있다. 이 사례에서는 '판매방식 변경'으로 결정되었으므로 이제 계획에 따라 실천하기만 하면 된다.

이리하여 개선(A)이 끝나면 처음의 P에서 A까지 한 바퀴 돌아서 얻은 지견을 바탕으로 한 단계 높은 수준의 계획(P)을 세운다. 그런 식으로 PDCA 사이클을 타고 계속 실행하는 것이다.

사례로 살펴보는 PDCA 사이클을 효율적으로 실행하는 방법

행운제과의 고민

그러면 가상의 사례를 통해 PDCA 사이클 실행법을 알아보자.

이 이야기의 무대는 오사카에 있는 행운제과라는 회사이다. 빙과류제조사업으로 여태까지 차근차근 성장했지만 3년 전부터 매출이 제자리걸음이다. 창립 30주년을 맞는 금년 매출예산은 40억 엔. 전년대비 12% 증가한 수치이지만 결코 실현할 수 없는 목표는 아니다. 과연 후쿠미야 사장은 매출예산을 달성할 수 있을까?

2월 13일 경영회의에서 회계과장이 작년도(12월 말) 결산과 금년 1월 결산 내용을 보고했다.

"작년도 매출액은 35억 7,000만 엔, 영업이익은 4,300만 엔입니다. 매출이 전년대비 6% 감소했고 매출총이익은 20% 감소한 수치입니다. 영업이익률도 전년도의 1.4%에서 1.2%로 0.2포인트 줄었습니다. 이것은 상품별 손익계산서를 보면 알 수 있듯이 주력상품인 '행운양'의 원가율이 0.2포인트 상승한 것이 주된 원인입니다. 2월 결산도 어제 완성되었는데 매출액은 예산대비 87%인 2억 1,800만 엔에 그쳤고 영업이익률도 1.1%였습니다."

이 보고를 받고 후쿠미야 사장은 회의에 참석한 모든 직원에게 고함을 쳤다.

"작년도는 최악이었어. 매출과 이익이 감소한 요인은 소비자가 '행운양'에 질려서 고객 이탈이 일어났기 때문이야. 그걸 알면서도 신상품 개발은 지체되고 판촉 캠페인도 아무 성과 없이 끝났어.

요 몇 달 동안 매출예산과 실적 차가 점점 벌어지더니 1월 결산 수치도 완전히 엉망진창이야. 이대로 가면 금년도 예산 달성은 절대적으로 불가능하네. 지금 당장 할 수 있는 모든 방법을 강구해야 해. 전 사원이 타부서와 자유롭게 연계하여 PDCA 사이클을 철저하게 시행하도록!"

후쿠미야 사장은 그 자리에 있는 임원과 관리직들에게 위기감을 심어주고 제조부장과 영업부장에게 긴급 타개책을 제시하도록 지시했다.

기사회생의 계획

경영회의가 열린 지 열흘 뒤 신멘 제조부장과 사사키 영업부장은 후쿠미야 사장에게 가을과 겨울용 신상품 '지역 마스코트 아이스'를 투입하자고 제안했다.

매출이 정체된 행운제과에는 전체 실적을 견인해주는 신상품이 필요했다. 그리고 신상품 발매에 맞추어 관서지역의 실적을 예전 수준으로 돌려놓고 영업력이 상대적으로 떨어지는 관동지구 매출을 높이는 전략을 동시에 추진하는 것이 두 사람의 전략이었다.

이 안은 그날의 제조 판매 회의에서도 만장일치로 통과되어 전국의 어느 '지역 마스코트'와 제휴할지 즉시 논의했다. 그 결과 상품화하여 좋은 반응을 얻을 듯한 5가지 '지역 마스코트'와 교섭하기로 결정되어 그 라이선스 교섭 일정을 바탕으로 생산계획과 판매계획을 세웠다.

실은 신멘 부장과 사사키 부장의 제안은 경영회의에서 갑작스럽게 생각해낸 안이 아니라 반년 전부터 두 사람이 기획했던 안이었다. 두 사람 다 매출이 저조한 책임을 통감했기 때문이다. 각 부문별 행동계획도 첨부되어 있었으므로 착착 계획을 세울 수 있었다. 잘 되면 3개월 뒤인 5월 22일에는 신상품을 출시할 수 있을 것이다.

후쿠미야 사장의 실행력

'지역 마스코트'의 라이선스 협상이 시작되자마자 상품기획과는 아이스캔디와 포장 디자인을 검토했고 5가지 맛과 원재료 선정에 들어갔다. 또 아이스캔디 성형업체와 포장자재업체에 생산 일정을 미리 조율하고 비공식적으로 발주해두기로 했다. 제조 공정 쪽은 일단 성형기 조정만 하기로 했다.

후쿠미야 사장은 신멘 부장과 사사키 부장과 면담한 뒤 현재 제품 라인업에서 이익률이 낮은 4가지 상품을 3월 말까지 판매 종료하기로 하고 제조라인 중 하나를 '지역 마스코트 아이스' 개발 및 제조에 돌렸다.

또 도쿄지점 영업 전략에 대해 사사키 부장과 협의를 거듭했다.

도쿄지점에는 5명의 영업사원이 있다. 지금까지도 판로를 개척해왔지만 지점당 매출액이 적은 거래처도 상당수 있었다. 그리하여 영업효율을 높이기 위해 월 판매액이 5만 엔 이하인 거래처에 영업활동을 중단하고 상위에 오른 거래처에 집중적으로 신상품 영업을 하도록 지점장에게 전달했다. 또한 '지역 마스코트'의 해당 지역에 있는 거래처에는 냉동 쇼케이스에 팝업 문구를 붙여 홍보하도록 지시했다.

그리고 기획, 개발, 구매, 제조, 물류 등 각 업무 프로세스에 신규 KPI를 설정하여 그 수치를 근거로 목표 진척도를 관리하고 매주 1회 모든 KPI를 기록한 '목표 및 실적 체크시트'를 제출하게 했다.

영업 프로세스에 관해서는 모든 영업 직원에게 영업일보 제출을 철저히 하고 영업부장과 지점장이 진척 관리를 하기 쉬운 구조를 만들기로 했다. 다만 영업일보 작성에 시간을 빼앗기는 것은 비효율적이므로 단시간에 기입할 수 있도록 서식을 바꾸는 것도 잊지 않았다.

3월 중순이 되자 라이선스 협상을 담당한 총무과장이 보고를 했다. 가장 기대했던 '지역 마스코트'는 이미 다른 냉동회사와 계약이 끝났다는 것이다. 안타까운 일이다. 하지만 다행히 다른 4건은 계약까지 진행될 것 같았다.

총무과장에게 보고를 받은 후쿠미야 사장은 즉시 '상품 출시가 동시기가 아니어도 좋으니 당초 안에서 후보였던 캐릭터와 교섭하도록' 했다. 사장은 돌발 상황에서 즉시 대응할 수 있도록 머릿속에서 다양한 시뮬레이션을 하고 또 했던 모양이다.

KPI가 나타낸 이상 수치

어느 날 신멘 부장의 휴대전화에 제조라인 담당자의 연락이 왔다. KPI에 설정했던 '실패율'이 목표치보다 훨씬 높았던 것이다.

'지역 마스코트'는 '행운양'을 제조할 때 쓰였던 제조라인을 이용하고 있었다. 그러자 '지역 마스코트 아이스'의 미묘한 모양을 완벽하게 재현할 수 없었던 것이다.

평소 거래하던 성형업자에게 몰드를 맞췄지만 원재료와 얼음이 몰드에 꽉 차지 않아서 실패율이 15%까지 치솟았다. 이래서는 성공할 수 없다. 그래서 '지역 마스코트'의 특징을 덜고 몰드의 요철이 적은 형태로 변경하자 실패율은 0.7%까지 내려갔다. 이것으로 한숨 돌릴 수 있었다.

그 무렵 사사키 부장은 도쿄지점의 지점장과 면담을 했다.

"지점의 모든 영업사원을 판로 개척으로 돌리기는 어렵습니다. 신상품의 홍보 문구를 점포에 두려면 매일 찾아가서 설득해야 하는데 그럴 경우 아무래도 기존 판로에 신경을 덜 쓰게 될 겁니다. 절대적으로 사람이 부족한 상황입니다."

사사키 부장의 상황 설명을 들은 후쿠미야 사장은 오사카 본사의 영업부에서 두 사람을 지원군으로 차출하게 했다.

구매부와 물류부에서 문제가 발생하기도 했지만 그때마다 사장은 적확한 지시를 내려 갈등 상황을 원만하게 조정했다.

개선 끝에 보이는 희망

후쿠미야 사장은 검증 작업을 통해 명확하게 드러난 문제점들을 하나씩 해결했다. 문제가 발생할 때마다 현장에 달려가 모든 담당자의 의견을 듣고 개선책을 세워 신속하게 실행한 것이다.

기존 상품 라인업에 관해서도 재고부족 사태를 없애고 잘 팔리는 상품 위주로 판매해 상품별 손익계산서의 예산과 실적의 차이를 메워 나갔다. 덕분에 행운제과의 실적은 개선될 징조가 보이기 시작했다.

전 직원이 회사의 위기를 극복하기 위해 일치단결하여 타부서를 적극적으로 지원하는 직원들도 늘어났다. 2월 경영회의에서 사장이 말한 '타부서와 자유롭게 연계하는 것'의 중요성을 체득한 모양이었다.

이제 곧 신상품이 발매되어 후쿠미야 사장의 PDCA 사이클이 결실을 맺을 날이 올 것이다.

에필로그

회계를
무의식중에 잘 활용하려면

비즈니스에서 성공한 사람들은 회계와 재무제표의 어디가 중요 부분인지 잘 알고 있다. 반대로 말하자면 비즈니스에서 성공하려면 회계와 재무제표를 이해하고 그것을 잘 활용할 수 있어야 한다는 말이다.

"내가 시작한 사업이 운 좋게 잘 풀려서 창업 10년 만에 매출액이 7억 엔까지 늘었지만 앞으로 사업을 어떤 식으로 키워나가야 할지 모르겠다."

"창업 3년째까지는 순조롭게 성장했지만 4년째인 작년에는 실적과 조직 규모가 정체되었고 이직자가 속출해서 괴롭다."

"여러 가지 사업을 한꺼번에 추진해서 사업 규모가 확대되었다. 하지만 어느 사업이 수익을 내고 있는지 알 수가 없어서 예산도 세우지 못하고 어느 사업에 자금과 사람을 투입해야 할지 모르겠다."

이것은 과거에 내게 상담을 청한 경영자들의 목소리다.

그들의 공통점은 '회계 업무는 전부 세무사에게 맡겼다', '월 재무제표가 다음 달 20일은 지나야 작성된다', '결산 내용에 대해서는 매출이 얼마이고 이익이 났는지 아닌지 밖에 모른다', '믿을만한 회계 담당자가 없다'는 것이었다.

상담이 끝난 뒤 나는 그분들에게 이렇게 말했다.

"사장님 자신이 회계의 중요성을 이해하고 월 결산이나 연 결산 수치를 잘 활용하지 못하기 때문에 경영 과제가 전혀 해결되지 않고 믿음직한 회계 담당자를 육성하지 못하는 겁니다. 전부 사장님 자신의 문제입니다."

경영자들이 사업 손익구조를 제대로 이해하고 사업부별 손익을 정확하게 파악하여 월 재무제표를 다음 달 5일까지 만들어서 PDCA 사이클을 실행하면 위와 같은 불안은 전부 해소될 것이다.

평소에 회계의 중요성을 숙지하고 회계를 대하는 것이 비즈니스를 성공으로 이끄는 열쇠이다. 회계치는 비즈니스나 경영을 할 수 없다. 직원들은 회계를 이해하지 못하는 경영자와 상사를 따르지 않기 때문이다.

나는 사람들이 회계치 상태에서 벗어나기를 바라며 이 책을 썼다. 부디 책에 구멍이 날 정도로 읽고 또 읽어서 실전에 활용하기 바란다.

그런데 이 책을 집필하는 중, 회계를 잘 활용하지 못하는 사람들에게 기쁜 소식이 될 만한 이야기가 떠올랐다. 지금은 상상일 뿐이지만 가까운 미래에 실현될지도 모른다.

어떤 데이터든 입력할 수 있는 센서와 AI(인공지능)가 링크된 인프라 소프트웨어가 개발되는 것이다. 가령 컴퓨터에 '회계'라는 아이콘이 표시되어 있고 버튼만 누르면 그 아이콘을 사용할 수 있는 식이다.

① 회의하는 장면을 녹화하여 소프트웨어에 등록한 뒤 '회계' 아이콘을 누르면 그 자리에서 '회의의 가치'가 얼마인지 산출된다.
② 제조현장에서 원재료 투입부터 제품 완성까지를 녹화하여 이 소프트웨어에 입력하면 순식간에 원가계산이 이루어져 개당 원가를 알 수 있다.
③ 개인의 목표 관리 툴에 기입한 내용을 소프트웨어가 기억하고 있어서 그 직원의 평소 업무방식을 센서로 분석하여 반기마다 급여 책정에 반영되는 실적 예측을 해준다. 무엇을 어떻게 개선하면 평가가 오를지도 조언한다.

이런 일이 가능해진다면 얼마나 유쾌할까?
①에서는 회의에서 결정된 방침이 실행되었는데 그 성과가 '회의의 가치 금액' 이하라면 회의를 중단하는 것이 낫다고 판단될 것이다. ②에서는 제조현장을 개선하여 조금이라도 공정을 변경하면 일일이 원가계산 시트를 수정했었는데 그 작업을 생략할 수 있다. ③에서는 상사가 가장 다루기 힘든 부하직원과 급여 책정 면담을 할 때 실적 예측 시트를 보면서 대화할 수 있으니 한결 마음이 편할 것이다.

인프라 소프트웨어의 지원을 받아서 어려운 회계적 평가와 부하직원과의 소통을 하는 것이므로 '회계'를 전혀 의식하지 않으면서 활용하는 상태라고 할 수 있다. 그런데 이렇게 되면 아무 생각도 하지 않는 버릇이 생길지도 모르겠다. 결국 회계에 휘둘리는 사람은 그러한 소프트웨어가 개발되어도 그 상태에서 벗어나지 못할 수도 있다.

역시 이런 뜬구름 잡는 이야기는 생각하지 않는 게 좋을 듯하다. 이 책을 참고하여 '회계'를 자유롭게 활용하고 PDCA 사이클을 실행해 좋은 성과를 내기 바란다.

어렵고 싫다고 멀리하지 않고 신속하게 행동하며 모든 일에 확실하게 '앞처리'를 함으로써 회계를 능동적으로 활용하는 사람이 되도록 노력하자.

실패를 거듭한 끝에 '성공'을 거머쥐기를 기도하겠다.

부록

경영관리 문서 작성법과 복식부기의 기초

지금 바로
회계에
눈을 떠라

경영관리 문서
작성법

월 결산보고서 작성법

235쪽의 도표는 '월 결산보고서'라는 문서다. 여기에는 당월 손익계산서P/L와 재무상태표S/F, 사업부별 매출액과 영업이익, 판관비 상세내용, 각 항목의 실적과 예산, 예산 대비율, 전년 대비율, '당월 요약(토픽)'과 '차월 액션 플랜'을 기입한다. 매월 임원회의나 영업회의에서 보고되는 항목들이다.

손익계산서에는 매출총이익률, 판관비율, 영업이익률을, 재무상태표에는 매출채권 회전기간, 재고회전기간, 자기자본비율을 기입하게 되어 있다.

또 재무상태표의 계정과목은 일반적으로 중요도가 높은 현금예금, 매출채권(외상매출금+받을어음), 재고자산(재고 총계), 매입채무(외상매입금+지급어음), 장·단기차입금, 순자산으로 구성되는데, 여러분의 회사에서 그 외에도 중요한 과목이 있다면 '기타 유동자산' 또는 '기타 부채'에서 독립하여 따로 기입하면 된다.

이 월 재무제표에는 다음과 같은 표를 첨부하면 좋다.

① 당월 매출액 분석표(고객 수, 평균 판매단가, 판매개수, 각 항목의 전년 대비율과 예산 대비율 등)
② 매출원가 분석표(평균원가의 전년 대비율, 제조 과정상 특이점 등)
③ 판관비의 과목별 명세표
④ 사업부별 손익표(또는 상품별 손익표)
⑤ 자금운용 실적표
⑥ 자금운용 예정표 등

도표 1 월 결산보고서 (예시)

손익계산서	2015년 12월 말				2015년 1월~2015년 12월 누계			
	당월 실적 (천 엔)	예산 (천 엔)	예산 대비 (%)	전년 대비 (%)	당월 실적 (천 엔)	예산 (천 엔)	예산 대비 (%)	전년 대비 (%)
매출액								
매출원가								
매출총이익								
(매출총이익률) %								
판관비								
(판관비율) %								
영업이익								
(영업이익률) %								
경상이익								
법인세 차감전 순이익								

재무상태표	당월말 잔고 (천 엔)	전월말 잔고 (천 엔)	차액 (천 엔)	사업부별 매출액	당월 매출액 (천 엔)	예산 대비 (%)	전년 대비 (%)	매출액 누계 (천 엔)
현금예금				A부문				
매출채권				B부문				
(매출채권 회전기간)개월				C부문				
재고자산				합계				
(재고자산 회전기간)개월				사업부별 영업이익	당월 영업이익 (천 엔)	예산 대비 (%)	전년 대비 (%)	영업이익 누계 (천 엔)
기타 유동자산								
유동자산 합계				A부문				
비유동자산 합계				B부문				
자산 총계				C부문				
매입채무				합계				
장·단기차입금				판관비 상세	당월 실적 (천 엔)	예산 대비 (%)	전년 대비 (%)	판관비 누계 (천 엔)
기타 부채								
부채 합계				판매비				
순자산 합계				인건비				
(자본비율) %				지대 및 임차료				
부채·자본 총계				물류비				
				기타				
				판관비 총계				

※ 당월 매출액 분석, 매출원가 분석, 판관비 명세, 자금운용 실적표 및 자금운용 예정표는 별지 첨부

〈당월 검토(주제)〉

〈차월 액션 플랜〉

사업부별 손익표 작성법

　A, B, C, 이렇게 3개 사업부가 있는 회사의 사업부별 손익표를 예로 들었다(도표 참조). 품종별, 지점별 등 회사에 따라 구분 기준이 다르므로 그에 맞춰서 작성하자.

　판관비는 37~40쪽에서 설명했듯이 직접비와 공통비로 나누어야 한다. 먼저 그 사업에만 든 직접비를 집계하고 다음으로 모든 사업에 든 공통비를 일정한 기준으로 각 사업부에 배분한다. 배분할 때의 기준은 사업부별 매출액비, 직원 수비, 인건비 비율, 사용면적비 등 각 과목별로 차이가 나기 때문에 정확하게 하려면 과목별로 배분해야 한다. 그러나 크게 차이가 없다면 판관비 중 공통비를 사업부별 매출액 비율로 배분해도 별 문제 없다.

　도표 가장 아래에는 사업부별 종업원 수도 기입하도록 했다. 이 인원수 대비 일인당 매출액을 계산하여 비교해도 된다.

　또 여러분 회사의 필요성에 따라 사업부별 재무상태표도 만들어서 관리해야 한다. 도표에는 매출채권, 재고자산, 유형자산, 매입채무, 이렇게 중요한 4과목만 기입하도록 했다.

　완성된 사업부별 손익표를 근거로 각 사업부의 손익 상황이 어떠한지, 어느 사업을 어떻게 강화해야 할지, 또는 사업을 철수해야 할지 논의한다.

　좀 더 이해하기 쉽도록 '거점별·품종별 손익표'를 작성했다. 정확

도표 2 사업부별 손익표 (예시)

(천 엔)

2016년 7월 (단월)		A사업부		B사업부		C사업부		본부	합계	
		금액	구성비	금액	구성비	금액	구성비	금액	금액	구성비
매출액		15,638	100%	23,587	100%	28,967	100%	0	68,192	100%
매출원가		9,383	60%	14,388	61%	18,249	63%	0	42,020	62%
매출총이익		6,255	40%	9,199	39%	10,718	37%	0	26,172	38%
판관비	직접비	3,597	23%	5,826	25%	7,821	27%	8,201	25,445	37%
공헌이익		2,658	17%	3,373	14%	2,897	10%	0	–	–
판관비	공통비	1,881	12%	2,837	12%	3,484	12%	-8,201	–	–
영업이익		777	5%	536	2%	-587	-2%	0	726	1%

2016년 1~7월 (누계)		A사업부		B사업부		C사업부		본부	합계	
		금액	구성비	금액	구성비	금액	구성비	금액	금액	구성비
매출액		108,877	100%	164,213	100%	203,467	100%	0	476,557	100%
매출원가		65,091	60%	99,820	61%	128,442	63%	0	293,353	62%
매출총이익		43,786	40%	64,393	39%	75,025	37%	0	183,204	38%
판관비	직접비	24,281	22%	39,886	24%	53,852	26%	56,173	174,192	37%
공헌이익		19,505	18%	24,507	15%	21,173	10%	0	–	–
판관비	공통비	12,834	12%	19,356	12%	23,983	12%	-56,173	–	–
영업이익		6,671	6%	5,151	3%	-2,810	-1%	0	9,012	2%

2016년 7월 말 (재무상태표에서)	A사업부		B사업부		C사업부		본부	합계	
	금액	회전기간 (개월)	금액	회전기간 (개월)	금액	회전기간 (개월)	금액	금액	회전기간 (개월)
매출채권	24,456	1.6	46,230	2.0	53,989	1.9	0	124,675	1.8
재고자산	18,766	2.0	35,980	2.5	34,673	1.9	0	89,419	2.1
유형자산	42,568	–	25,687	–	79,368	–	168,967	316,590	–
매입채무	19,704	2.1	30,647	2.1	40,878	2.2	0	91,229	2.2
종업원 수 (명)	6		9		13		15	43	

히 말하자면 하나가 아닌 ①~③까지의 3종류의 손익계산서다. 오른쪽 도표를 살펴보자.

판매거점별로 XYZ, 3개 지점이 있으며 각 지점에서 A·B·C라는 3가지 품종의 상품을 판매하고 있다고 하자. 거점별·품종별 손익을 상세하게 파악하려면 이런 표를 작성하면 좋다.

먼저 ①과 같이 판매거점별(3개의 지점별)의 손익계산서를 만들고 거기에 본부 비용을 공통비로서 각 지점에 배분하여 각 지점의 영업이익을 낸다. 다음으로 ②처럼 각 지점의 손익계산서를 분해하여 3종류의 상품별로 손익계산서를 만든다. 그리고 마지막으로 지점별 손익계산서에 나와 있는 3종류의 상품별 수치를 합산하고 거기에 본부 비용을 매출액 비율에 따라 배분한 것이 표 ③이다.

이 표를 통해 어떤 점을 알 수 있을까?

①의 판매거점별 손익계산서로는 X지점의 매출액이 가장 많지만 영업이익률은 5%로 가장 낮고 효율이 나쁘다는 것을 알 수 있다.

②의 지점별 품종별 손익계산서를 작성하여 알 수 있었던 것은 B상품의 공헌이익률이 모든 지점에서 가장 높았을 뿐 아니라 B상품을 가장 많이 판매하는 Y지점에서는 공헌이익률이 30%에 달했다. 반대로 공헌이익률이 가장 낮은 상품은 C다. Z지점에서는 13%라는 가장 낮은 수치를 기록했다.

③의 품종별 3지점 합계를 낸 손익계산서에서는 C상품의 영업이익이 적자임을 알 수 있다.

도표 3 거점별·상품별 손익표 (예시)

① 3개의 지점이 각각 3종류의 상품을 판매한다 (천 엔)

손익계산서		회사 전체	구성비	본부	X지점	구성비	Y지점	구성비	Z지점	구성비
매출액		300,000	100%	0	120,000	100%	100,000	100%	80,000	100%
매출원가		184,870	62%	0	77,050	64%	60,100	60%	47,720	60%
매출총이익		115,130	38%	0	42,950	36%	39,900	40%	32,280	40%
판관비	직접비	93,800	31%	50,000	17,500	15%	13,500	14%	12,800	16%
	공통비	0	0%	−50,000	20,000	17%	16,667	17%	13,333	17%
영업이익		21,330	7%	0	5,450	0	9,733	10%	6,147	8%

② 지점별로 3종류의 상품별 손익표를 만든다 (천 엔)

X지점의 손익계산서		합계	구성비	A상품	구성비	B상품	구성비	C상품	구성비
매출액		120,000	100%	60,000	100%	35,000	100%	25,000	100%
매출원가		77,050	64%	39,600	66%	19,950	57%	17,500	70%
매출총이익		42,950	36%	20,400	34%	15,050	43%	7,500	30%
판관비	전 지점	17,500	15%	8,750	15%	5,104	15%	3,646	15%
공헌이익		25,450	21%	11,650	19%	9,946	28%	3,854	15%

Y지점의 손익계산서		합계	구성비	A상품	구성비	B상품	구성비	C상품	구성비
매출액		100,000	100%	20,000	100%	70,000	100%	10,000	100%
매출원가		60,100	60%	13,200	66%	39,900	57%	7,000	70%
매출총이익		39,900	40%	6,800	34%	30,100	43%	3,000	30%
판관비	전 지점	13,500	14%	2,700	14%	9,450	14%	1,350	14%
공헌이익		26,400	26%	4,100	21%	20,650	30%	1,650	17%

Z지점의 손익계산서		합계	구성비	A상품	구성비	B상품	구성비	C상품	구성비
매출액		80,000	100%	12,000	100%	60,000	100%	8,000	100%
매출원가		47,720	60%	7,920	66%	34,200	57%	5,600	70%
매출총이익		32,280	40%	4,080	34%	25,800	43%	2,400	30%
판관비	전 지점	12,800	16%	1,920	16%	9,600	16%	1,280	16%
공헌이익		19,480	24%	2,160	18%	16,200	27%	1,120	14%

③ 지점별 손익계산서를 바탕으로 모든 상품을 합계한 손익계산서를 만든다 (천 엔)

3개 지점의 합계 손익계산서		A상품	구성비	B상품	구성비	C상품	구성비	본부	전체 손익계산서
매출액		92,000	100%	165,000	100%	43,000	100%	0	300,000
매출원가		60,720	66%	94,050	57%	30,100	70%	0	184,870
매출총이익		31,280	34%	70,950	43%	12,900	30%	0	115,130
판관비	전 지점	13,370	15%	24,154	15%	6,276	15%	0	43,800
공헌이익		17,910	19%	46,796	28%	6,624	15%	0	71,330
판관비	본부비용	0	0%	0	0%	0	0%	50,000	50,000
	3종류의 상품에 배분	15,333	17%	27,500	17%	7,167	17%	−50,000	0
영업이익		2,577	3%	19,296	12%	−543	−1%	0	21,330

각 문제점들이 부각되었으므로 X지점에 관해서는 손익구조의 철저한 개선을, C상품에 관해서는 장래성을 검토하면서 생산 단가를 낮추거나 품질개선, 매출액 향상을 검토해야 한다. 물론 기한을 정하여 결단해야 할 것이다.

이처럼 다양한 관점에서 손익계산서를 사업구조별로 나누어 손익 형태를 분석할 것을 권한다.

자금운용 예정표 작성법

242~243쪽에 1년간의 자금운용 예정표 예시를 실었다. 작성 방법과 순서는 다음과 같다.

1. 먼저 1년간 단기경영계획(예산)을 만들고 표 아래 부분에 있는 '손익 예산' ⑭~⑰에 그 수치를 기입한다.
2. 인건비 예산(평월은 당월매출액의 11%라고 가정하고 상여금이 지급되는 월에는 상여를 가산한다)은 당월 발생 예정액이 거의 그대로 현금 지출로 나가므로 손익 예산과 경상 지출의 ⑥에 각각 기입한다.
3. 매출액의 80%가 현금 매출이라고 가정한다(① = ⑭ × 0.7).
4. 매출액의 10%가 외상매출이며 매출이 발생한 다음 달에 현금

으로 회수된다고 가정한다(② = 전월⑭ × 0.1).

5. 매출액 중 나머지 20%가 외상매출금 중 3개월 만기 어음으로 회수된다고 가정한다(③ = 3개월 전⑭ × 0.2).
6. 현금 매입은 매입 예산의 20%(④ = ⑮ × 0.2).
7. 매입 예산 중 80%는 3개월 만기 지급어음(⑤ = 3개월 전⑮ × 0.8).
8. 외주비 지급은 전월의 외주비 예산과 동일한 금액(⑦ = 전월⑯).
9. 경비 지급은 전월 경비 예산과 동일한 금액(⑧ = 전월⑰).
10. 설비투자 ⑨는 설비투자 일정을 확인하고 실제로 현금이 지출되는 월에 기입한다(은행을 상대로 한 차입 교섭은 기일이 다가오면 그때 한다). ⑩도 실제로 지출이 예정된 달에 기입한다.
11. 지급 이자 ⑪을 계산하기 전에 일단 당월 경상 수입에서 경상 지출을 차감하여 경상수지를 산출한다.
12. 경상수지가 마이너스가 된 달에 그와 동일한 액수인 차입금 수입을 기입한다.
13. 차입금 상환 조건에 맞춰서 ⑬에 상환 예정액을 기입한다.
14. 전기말 차입금 잔고, ⑫, ⑬에 따라 ⑱을 계산한다.
15. ⑱에서 금리(연이율)를 3%로 잡고 지급 이자 ⑪을 계산한다.
16. 경상수지를 재계산한다.
17. 1개월마다 예정을 전부 실적 수치로 수정한다. 항상 1년 뒤까지의 예정표를 만들어두고 갱신한다.

도표 4 자금운용 예정표 (예시)

(2016년 1월 1일~2016년 12월 31일)

		1월	2월	3월	4월	5월	6월
전월말 현금 및 현금성자산 잔고		240,000	262,345	249,622	269,054	267,761	278,846
경상수입	① 현금 매출	84,000	80,500	81,900	87,500	75,600	81,200
	② 외상매출금 회수	10,700	12,000	11,500	11,700	12,500	10,800
	③ 받을어음 만기일 입금	21,800	20,800	26,000	24,000	23,000	23,400
	기타	500	0	1,200	0	350	0
	합계	117,000	113,300	120,600	123,200	111,450	115,400
경상지출	④ 현금 매입	12,480	11,960	12,168	13,000	11,232	12,064
	⑤ 지급어음 결제	43,500	42,600	46,500	49,920	47,840	48,672
	⑥ 인건비 지급	13,200	12,650	12,870	33,750	11,880	12,760
	⑦ 외주비 지급	12,600	14,400	13,800	14,040	15,000	12,960
	⑧ 경비 지급	9,750	9,600	9,200	9,360	10,000	8,640
	⑨ 설비투자	0	45,000	0	0	0	0
	⑩ 세금 및 배당금	0	36,500	3,200	0	0	0
	⑪ 지급 이자	125	313	430	423	413	403
	합계	91,655	173,023	98,168	120,493	96,365	95,499
경상수지		25,345	−59,723	22,432	2,707	15,085	19,901
재무수입과지출	⑫ 차입금 수입	0	50,000	0	0	0	0
	증자 및 사채발행 등	0	0	0	0	0	0
	⑬ 차입금 상환	3,000	3,000	3,000	4,000	4,000	4,000
	기타	0	0	0	0	0	0
	재무 수지	−3,000	47,000	−3,000	−4,000	−4,000	−4,000
당월말 현금예금 잔고		262,345	249,622	269,054	267,761	278,846	294,747

		1월	2월	3월	4월	5월	6월
손익예산	⑭ 매출액 (예산)	120,000	115,000	117,000	125,000	108,000	116,000
	⑮ 매입액 (예산)	62,400	59,800	60,840	65,000	56,160	60,320
	⑥ 인건비 지급	13,200	12,650	12,870	33,750	11,880	12,760
	⑯ 외주비 (예산)	14,400	13,800	14,040	15,000	12,960	13,920
	⑰ 경비 (예산)	9,600	9,200	9,360	10,000	8,640	9,280
⑱ 당월말 차입금 잔고		125,000	172,000	169,000	165,000	161,000	157,000

(천 엔)

7월	8월	9월	10월	11월	12월	연간 합계
294,747	294,504	291,626	272,932	281,403	246,425	240,000
87,500	89,600	94,500	79,800	75,600	98,000	1,015,700
11,600	12,500	12,800	13,500	11,400	10,800	141,800
25,000	21,600	23,200	25,000	25,600	27,000	286,400
0	500	0	0	0	0	2,550
124,100	124,200	130,500	118,300	112,600	135,800	1,446,450
13,000	13,312	14,040	11,856	11,232	14,560	150,904
52,000	44,928	48,256	52,000	53,248	56,160	585,624
13,750	14,080	54,850	12,540	11,880	15,400	219,610
13,920	15,000	15,360	16,200	13,680	12,960	169,920
9,280	10,000	10,240	10,800	9,120	8,640	114,630
48,000	0	0	0	42,000	0	135,000
0	25,300	0	0	0	0	65,000
393	458	448	433	418	403	4,655
150,343	123,078	143,194	103,829	141,578	108,123	1,445,343
−26,243	1,122	−12,694	14,471	−28,978	27,677	1,107
30,000	0	0	0	0	0	80,000
0	0	0	0	0	0	0
4,000	4,000	6,000	6,000	6,000	6,000	53,000
0	0	0	0	0	0	0
26,000	−4,000	−6,000	−6,000	−6,000	−6,000	27,000
294,504	291,626	272,932	281,403	246,425	268,102	268,107

7월	8월	9월	10월	11월	12월	연간 합계
125,000	128,000	135,000	114,000	108,000	140,000	1,451,000
65,000	66,560	70,200	59,280	56,160	72,800	754,520
13,750	14,080	54,850	12,540	11,880	15,400	219,610
15,000	15,360	16,200	13,680	12,960	16,800	174,120
10,000	10,240	10,800	9,120	8,640	11,200	116,080
183,000	179,000	173,000	167,000	161,000	155,000	

1월부터 실제로 이 표를 사용한다. 그리고 다음 달인 2월이 되면 1월분의 수치를 전부 실적치로 수정한다. 그렇게 하면 얼마간은 '자금운용 실적 겸 예정표'로 사용할 수 있다. 예정표 부분은 적어도 3개월 뒤까지 만들어둬야 예정표 구실을 할 수 있으므로 10월이 되면 다음 해 2월분 이후의 예정표를 만들어 연결시키자.

예정표를 만들고 나면 그 표를 바탕으로 다음 달 이후의 모든 월말 현금예금 잔고를 보며 위험 잔고 수준에 가까워지면 미리 차입을 하는 등 자금운용을 검토한다.

현금예금 잔고의 위험 수준을 어느 정도로 설정할지는 회사마다 다르다. 대개 연간 월평균매출액을 산출하여 적어도 매출액의 1개월분을 잔고로 보유하면 된다. 계절별로 매출의 기복이 심한 회사는 그 점도 고려하여 매출액과 매입액이 부풀어 오르는 달의 전월말에는 최저 1.5~2개월분의 잔고를 보유하도록 조정해야 한다.

자금운용 예정표는 자금운용 방법과 금액을 시뮬레이션하기 위해 만드는 것이다. 자금 부족을 방지하는 것이 목적이므로 월말이 아니라도 중간에 여러 번 수정될 것이라고 생각하는 편이 좋다.

복식부기의 기초

부기란 무엇인가

부기란, 기업 활동에서 발생한 거래(돈이나 사물의 증감)를 장부에 기록하여 재무제표(결산서)를 만드는 방법을 말한다. 장부의 '장簿'과 기록의 '기記'를 합친 말로 영어로는 북키핑Book-keeping이라고 한다.

지금은 복식부기가 보통이지만 일본에서는 수백 년간 단식부기가 사용되었다. 단식부기는 수입과 지출만 장부에 기록하는 방법이다. 에도 시대의 상인들이 쓰던 방법 중 하나인데 이렇게 해서는 얼마를 벌어들였는지 정확하게 알 수가 없다. 그래서 서양식 부기가 수입되었다. 이것이 복식부기다.

복식부기는 하나의 거래를 2가지 측면에서 살피며 장부에 기록하는 방법으로, 16세기 이후 이탈리아 상인들이 사용하던 방식이 전 세계로 퍼졌다. 만국공통어라고 할 수 있으며 괴테는 "복식부기가 상인에게 제공하는 이익은 헤아릴 수 없을 정도로 많다. 인류의 정신이 낳은 최고의 발명품"이라고 표현했다(《빌헬름 마이스터의 수업시대》중).

기업의 재무제표(재무상태표와 손익계산서)는 이 복식부기에 따라 작성된다. 그 흐름을 간단히 설명하겠다.

1. 회사가 움직이면(직원들이 어떤 행동을 하면) 그에 따라 돈이 움직인다. 실시간으로 돈이 움직이지 않아도 청구서를 발행하거나 청구서를 받았을 때처럼 권리와 의무가 발생하는 경우도 포함하여 '회계상 거래'가 발생했다고 간주한다.
2. 회계상 거래를 일정한 규정에 근거하여 '분개'를 한다. 분개 규칙이 좀 복잡하지만 이것만 이해하면 부기를 한결 쉽게 이해할 수 있다. 먼저 전체적인 흐름을 살펴본 뒤 '분개'에 관해 설명하겠다.
3. 매일 분개한 결과를 계정과목별로 '원장'이라는 장부에 기록(기장)한다. 원장에는 왼쪽에 '차변', 오른쪽에 '대변', 가장 오른쪽에는 더하고 뺀 결과인 '잔고'를 기입하는 칸이 있다.
4. 원장의 차변이나 대변 중 한쪽에 기장하고 나서 항상 잔고를 계산한다.
5. 원장의 계정과목별로 월말 잔고를 '월 합계잔액시산표'에 기입

한다.

6. 결산기말에는 그 결산기말의 시산표를 재무상태표와 손익계산서로 분해한다. 이것으로 2가지 재무제표가 완성된다.

분개 규칙과 흐름

그러면 분개 방법을 설명하겠다.

먼저 거래 전표라는 용지(가로형 B6크기)의 오른쪽과 왼쪽에 과목과 금액을 적는다. 최근에는 용지가 아니라 회계프로그램을 이용하여 컴퓨터에 입력한다. 왼쪽과 오른쪽을 각각 차변과 대변이라고 부른다. 왜 그렇게 부르는지 그 이유를 생각해본들 알 수가 없으니 깊게 생각하지 않도록 하자.

분개를 할 때는 차변에 하나 이상의 과목과 금액, 대변에도 마찬가지로 하나 이상의 과목과 금액이 기입되고 차변과 대변에 쓴 금액의 합계액은 항상 일치해야 한다. 이 금액이 일치하지 않으면 분개라고 할 수 없다.

분개를 한 다음에는 그것을 과목별 원장에 각각 기입한다. 월말이 되면 그 시점의 잔고를 시산표에 전기(분개 내용이 계정계좌에 옮겨지는 것을 말한다-옮긴이)를 한다. 그리고 결산기말이 되면 그 시산표를 바탕으로 재무제표를 만들 때도 좌우 금액이 일치하는 법칙(대차균형이라고 한다)이 적용된다. 일치하지 않는다면 어딘가에서 숫자 기입이나 전기를 잘못했다는 말이 된다. 양손에 각각 손목시계를 찼는데 두 시계의 시각이 일치하지 않는다면 어느 하나가 정확하지 않은 것과 같다.

그러면 실제로 분개를 해보자.

예를 들어 '1자루에 100엔인 볼펜을 샀다'는 거래가 발생했다고 하자.

이것을 2가지 관점에서 분해한다. '1자루에 100엔인 볼펜이라는 사무용품이 증가했다 = 사무용품비 100엔이 발생했다'는 관점과 '현금 100엔이 수중에서 없어졌다 = 현금 100엔이라는 자산이 감소했다'는 관점이다.

전자는 '사무용품비라는 비용 과목 증가'가 되고 후자는 '현금이라는 자산 과목 감소'가 된다. 이처럼 2개의 과목으로 분해되었으므로 그것을 전표에 기입한다.

차변	대변
사무용품비 100엔	현금 100엔

거래 전표(분개장)에 기입된 거래는 그 후 원장(원장의 사무용품비 페이지와 현금 페이지)에 기입(이것을 전기라고 한다)된다. 거래 전표와 원장의 기입 예를 참조하자. 회계프로그램을 사용할 경우에는 전표 입

도표 5 거래 전표와 원장 기입 예시

거래 전표(분개)

2016년 1월 21일				No. 1600028
금액	차변 과목	적요	대변 과목	금액
100	사무용품	볼펜 구입	현금	100
100		합계		100

원장

현　금

날짜	전표No.	적요	차변	대변	잔액
……	……	……	……		95,568
1월 21일	1600028	볼펜 구입		100	95,468

> 현금이라는 자산이 감소했으므로 잔액도 100엔 줄었다.

사무용품비

날짜	전표No.	적요	차변	대변	잔액
……	……	……	……		180,573
1월 21일	1600028	볼펜 구입	100		180,673

> 사무용품비라는 비용이 증가했으므로 잔액은 100엔 늘었다.

력 화면에 분개 내용을 입력함과 동시에 자동적으로 원장의 해당 과목에 전기된다.

분개나 결산서(재무제표)에 나오는 과목, 앞의 예에서는 '사무용품비'나 '현금' 등의 많은 과목명이 존재하지만 일단은 대과목부터 기억하도록 하자. 대과목은 자산, 부채, 자본, 수익, 비용의 5가지밖에 없으므로 비교적 쉽게 외울 수 있다. 이 대과목 아래에 여러 소과목들이 매달려 있다.

분개에서는 '회계상 거래'를 먼저 왼쪽(차변)과 오른쪽(대변), 이렇게 2가지 관점으로 분해하고 각 관점에 대응하는 5가지 대과목(자산, 부채, 자본, 수익, 비용)을 할당한다.

이 대과목은 각각 증가(+)하는 경우와 감소(-)하는 경우가 있으므로 정확히는 10개로 분류된다고 할 수 있다. 오른쪽의 도표를 보자.

먼저 도표에서 회색부분인 각 과목이 '증가'한 곳을 각 과목의 '본적지'로 기억해두자. 과목 본적지만의 표를 만들면 시산표가 된다.

과목 본적지라는 표현은 내가 만든 것으로 다른 책에는 나오지 않는 말이다. 본적지가 그 과목이 '증가'하는 곳이고 그 이외가 반대편('감소')인 곳이라고 기억하자.

앞에서 나온 분개 예에서는 '비용' 과목 중 사무용품비 증가와 '자산' 과목 중 현금 감소였다. 도표에는 두 과목의 관련을 선으로 표시했다.

도표 6 5개의 대과목 × 증가와 감소 = 10개 과목의 관계

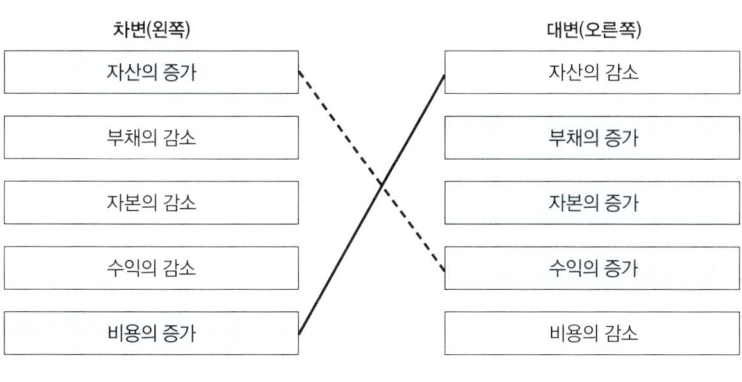

도표 7 시산표가 2개의 재무제표로 나뉜다!

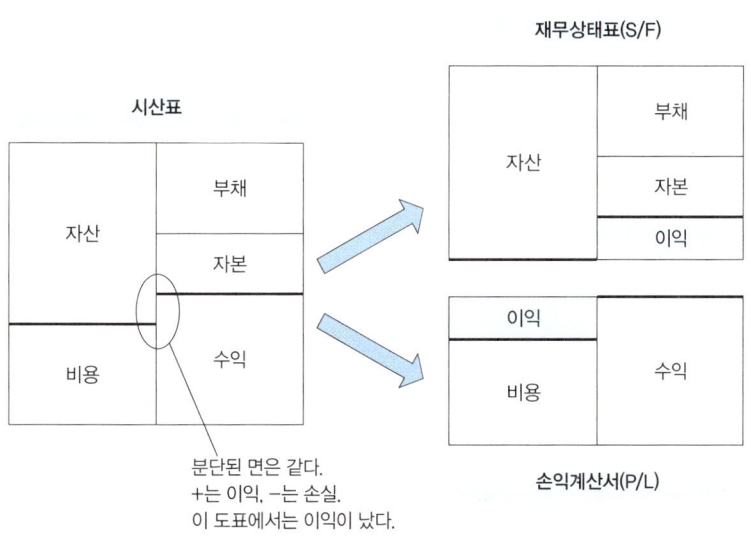

또 예를 들어 '상품을 외상으로 판매'한 거래는 다음과 같이 분개한다. 이 조합은 점선으로 표시했다.

차변	대변
자산의 증가(외상매출금 발생)	수익의 증가(외상매입금 발생)

이렇게 분개는 5가지 차변과목과 5가지 대변과목의 조합으로 이루어지므로 25개(5×5)의 조합이 있지만 실제로는 거의 쓰이지 않는 조합도 있다.

실제로 분개를 해보자

두뇌 운동이라고 생각하고 다음 거래를 분개해보자.

〈문제〉

1. 자본금 1,000만 엔으로 주식회사를 설립하고 입금된 자본금은 보통예금에 넣었다.
2. 사무실을 빌리기 위해 보증금 100만 엔을 보통예금에서 입금했다.
3. 외상매출금 25만 엔이 회수되어 보통예금에 입금되었다.
4. 제품 10만 엔을 만들기 위해 외주를 주었고 외주준 부품은 완

성됐다. 지급 조건은 다음 달 말에 현금 지급이다.
5. 은행에서 단기로 500만 엔을 차입하여 400만 엔을 보통예금에, 100만 엔을 정기예금에 예치했다.

〈답〉

1. 자산(보통예금)의 증가 : 자본(자본금)의 증가

차변	대변
보통예금 10,000,000엔	자본금 10,000,000엔

2. 자산(보증금)의 증가 : 자산(보통예금)의 감소

차변	대변
보통예금 1,000,000엔	자본금 1,000,000엔

3. 자산(보통예금)의 증가 : 자산(외상매출금)의 감소

차변	대변
보통예금 250,000엔	자본금 250,000엔

4. 비용(외주비)의 증가 : 부채(미지급금)의 증가

차변	대변
외주비 100,000엔	미지급금 100,000엔

5. 자산(보통예금과 정기예금)의 증가 : 부채(단기차입금)의 증가

차변	대변
보통예금 4,000,000엔 정기예금 1,000,000엔	단기차입금 5,000,000엔

처음에는 헷갈려도 여러 번 반복하다 보면 이해할 수 있으므로 될 때까지 찬찬히 해보자.

이 규칙에 따라 매일 회계상 거래가 발생할 때마다 분개가 이루어지고 그 결과가 원장에 전기된다. 월말이 되면 원장의 각 과목별 잔고를 산출한다. 그 잔고를 시산표에 옮겨 적어서(전기하여) 월 시산표가 완성된다.

일 년에 한 번인 결산기말(예를 들어 12월 말)에는 통상적인 분개 외에도 결산처리(감가상각, 각종 충당금, 상품 및 유가증권 평가손, 법인세효과 등)도 기록한 시산표를 근거로 재무상태표와 손익계산서를 만든다.

251쪽의 도표와 같이 시산표 상의 자산과 비용 사이, 그리고 자산과 수익 사이를 위아래로 분할하면 2가지 재무제표가 완성된다.

자산과 비용의 합계(차변합계), 그리고 부채, 자본, 수익의 합계(차변합계)는 동일한 금액이므로 위쪽의 재무상태표와 아래쪽의 손익계산의 단면도 동일한 금액이 된다. 그 단면이 바로 당기 이익이다.

이로써 복식부기의 기초에 대한 설명을 마친다.

더 깊이 알고 싶은 사람은 시중에 출간된 다양한 회계 서적에도 도전해보자.

지금 바로
회계에
눈을 떠라

1판 1쇄 발행 | 2018년 3월 30일
1판 2쇄 발행 | 2020년 2월 20일

지은이 야스모토 다카하루
옮긴이 오시연
감수자 이재홍
펴낸이 김기옥

경제경영팀장 모민원 기획 편집 변호이, 김광현
커뮤니케이션 플래너 박진모
경영지원 고광현, 임민진
제작 김형식

디자인 제이알컴
인쇄 · 제본 민언프린텍

펴낸곳 한스미디어(한즈미디어(주))
주소 121-839 서울특별시 마포구 양화로 11길 13(서교동, 강원빌딩 5층)
전화 02-707-0337 | 팩스 02-707-0198 | 홈페이지 www.hansmedia.com
출판신고번호 제 313-2003-227호 | 신고일자 2003년 6월 25일

ISBN 979-11-6007-243-3 13320

책값은 뒤표지에 있습니다.
잘못 만들어진 책은 구입하신 서점에서 교환해 드립니다.